VIA FOLIOS 83

From Bread and Tomatoes
To *Zuppa di Pesce* "Ciambotto"

Memories of Apulian Cuisine

Rossana del Zio

BORDIGHERA PRESS

Library of Congress Control Number: available on request

Printed in the United States.

Published by
BORDIGHERA PRESS
John D. Calandra Italian American Institute
25 West 43rd Street, 17th Floor
New York, NY 10036

VIA FOLIOS 83
ISBN 978-1-59954-056-6

"All the power of the world is contained in the food. The happiness of the people is food. Instinct brings us back to our habits primary from which the balance of many aspects of our lives. From food depends peace, from food depends war."

"Tutto il potere del mondo è racchiuso nel cibo. La felicità delle persone è il cibo. L'istinto ci riporta alle nostre abitudini primarie dalle quali parte l'equilibrio di molti aspetti della nostra vita. Dal cibo dipende la pace, dal cibo dipende la guerra."

—from *Gente di passaggio*, by Rossana del Zio

PREFACE

Lately it has become chic to seek ones roots and rekindle our lost traditions. It seems to me that Italian-Americans need not go far, as they were raised and nurtured in the warmth of our heritage.

In this book, between recipes and recollections, Rossana del Zio traces these traditions through the food of her youth, food from the "Miseria." Once a peasant's diet, some of these dishes are now served in the finest of restaurants with fancy names and high prices.

This is not only a cookbook! Hardly! It is a nostalgic look at times lost forever, innocence, happiness, and how misery can be not only be overcome but can also be made enjoyable. It is about our beloved Puglia, and it shows us what those brave immigrants had in their homeland before finding the "streets paved with gold" here in America. Returning to Puglia these days, I seem to think the "streets" in Puglia are better.

For me, Rossana has captured the essence of what a second-generation Pugliese in America longs to learn and experience but cannot. She gave me a reminder of my grandparents and their traditions, which I mightily try to emulate today. Her roadmap will serve me well and hopefully all those who read this book.

Buona lettura
John Mustaro

Contents

INTRODUCTION

Despite modern industrialization affecting our culinary culture, we cannot forget that the dreams and the recollections of Italian emigrants have shaped the icon of Italian food on the other shore of the Atlantic Ocean.

In ships crowded with fearless peasants ready to make any sacrifice, many expatriates carefully kept handkerchiefs filled with a clove of garlic, a dried onion, and a few leaves of basil. These items were souvenirs of their land, the reminiscence in their nostrils, and the poor – albeit happy – periods of their lives; the spirit and sweat of their native homes.

Bread, olive oil and tomato, bread and olives, bread and onion, bread and spicy hot pepper, orecchiette with turnip tops were and are still flavors of home, and smells of soil soaked by unadulterated rain. The recollections of Trulli and magical landscapes.

All this is now considered a "food paradise" where pizza and spaghetti are the most recognizable symbols of goodness and wholesomeness, unique and indelible. The discovery of this world becomes a wonderful journey through the centuries, with the smells and flavors of the earth of Puglia, bringing us the origins of many recipes, familiar and unfamiliar. From "misery," poverty and hunger, we have extracted both a taste and fame.

This is the land where endless stretches of olive trees dominate the landscape, which for centuries have preserved culinary traditions. The very precious oil of the olive is the basis from which to start. The fragrance of oil, in various different areas, and the unique flavors of the vegetables, the fish, the grain, original bread and pasta, have built together a cultural heritage that is still alive over the centuries, leaving the foreign globalization of the food "all equal" and "always ready."

The world now is appreciating the richness of our products and the wisdom and patience of the preparation. This is testified by the many television programs that can bring to homes around the world the culture of our kitchen. Apulian cuisine can be considered a model of life in the history of the culinary world.

The kitchen of Misery was born as a result of the domination and, above all poverty, real poverty, as this land was the scene of constant abuse and neglect, periods in which hundreds of peasants were landless and starving and were forced to emigrate. Those who remained had to strive to survive.

With the "forced misery" and emigrations, Puglia has had the opportunity to bring overseas all of its cultural baggage. Culinary poverty has turned into wealth across the world. The wealth of the land that has given us oil, grain, vegetables and fish. This land, surrounded by sea, unfolds over five hundred miles from north to south with the Tavoliere, the Murgia and Salento.

These three areas have different ways of preparing foods while having all the same products available. We cook and eat differently and also use the spices in different manners. Smells are as different as the "ritual" of preparation. For example, garlic that is used between the Tavoliere and Murge tends to almost disappear in Salento leaving its place to the onion.

Everything makes this land unique and its cuisine is the product of centuries of labor of our farmers and their imagination, which make it rich in flavors, ingredients and traditions. The story of "Misery" comes to us through the kitchen as a message of love: love for the land and the passion of a people beyond its borders, has made this cuisine known and it has become the pride of menus recreated in the most famous Italian restaurants in the world.

INTRODUZIONE

Nonostante l'industrializzazione moderna sia entrata prepotentemente anche nella nostra cucina, non possiamo fare a meno di ricordare che l'icona del cibo Italiano si forgia attraverso più di un secolo oltre l'oceano, seguendo i sogni e i ricordi dei nostri emigranti. Nei bastimenti carichi di temerari contadini, pronti a qualsiasi sacrificio, molti di loro conservavano, con tanta attenzione, un fazzoletto che conteneva uno spicchio d'aglio, una cipolla rinseccolita, qualche foglia di basilico. Era il ricordo della loro terra, la memoria nelle loro narici e negli occhi le loro misere ma felici, stagioni della loro vita, umori sudori di casa materna.

Pane olio e pomodoro, pane e olive, pane e cipolla, pane e diavolicchio, orecchiette con le cime di rapa erano e sono sapore di casa, odore di terra bagnata dalla pioggia sincera, ricordi di trulli e paesaggi magici.

Tutto questo oggi è considerato un "paradiso culinario" in cui pizza e spaghetti sono il segno di riconoscimento di bontà e genuinità unico e indelebile.

La scoperta di questo mondo diventa uno splendido viaggio attraverso i secoli, con gli odori e i sapori della Terra di Puglia, arrivando alle origini delle innumerevoli ricette, note e meno note, che proprio dalla "Miseria" hanno tirato fuori la loro ricchezza in termini sia di gusto che di notorietà.

Questa è la terra in cui sterminate distese di ulivi caratterizzano il paesaggio, dove nei secoli si sono conservate le tradizioni culinarie che proprio dal prezioso frutto delle olive traggono la loro base da cui partire. La fragranza dell'olio, diversa nelle varie zone, e i sapori unici delle verdure, del pesce, dello stesso grano, padre di pane e pasta, hanno costruito insieme un patrimonio culturale che si tramanderà ancora nel corso dei secoli, lasciando all'estero quella globalizzazione del cibo "tutto uguale" e "sempre pronto."

Quell'estero che apprezza oggi la ricchezza dei nostri prodotti, la sapienza e la pazienza della preparazione. Ne sono testimonianza i tanti programmi televisivi che riescono a portare nelle case di tutto il mondo la cultura della nostra cucina.

La cucina pugliese può essere considerata un modello di vita nella storia dell'arte culinaria mondiale.

La cucina della Miseria nasce come conseguenza delle dominazioni e, soprattutto dalla povertà, quella vera, perché questa terra è stata teatro di continui soprusi e abbandoni, periodi in cui centinaia di contadini rimasero senza terra e, ridotti alla fame, furono costretti ad emigrare e chi rimase dovette ingegnarsi per sopravvivere.

Grazie a quella "miseria forzata" e con le emigrazioni, la Puglia ha avuto la possibilità di portare oltre oceano tutto il suo bagaglio culturale culinario e la Miseria si è trasformata in ricchezza attraversando tutto il mondo. Quella ricchezza della terra data da olio, grano e verdure ed il pesce, in questa terra circondata dal mare per oltre ottocento chilometri che si srotola da nord a sud con Il Tavoliere, le Murge e il Salento.

Queste tre zone hanno una particolarità nella cucina: pur avendo tutte a disposizione gli stessi prodotti, si cucina e si mangia in maniera diversa e si usano anche in maniera diversa le spezie e gli odori così come sono diversi i "rituali" di preparazione.

Per esempio l'aglio che è molto usato tra il Tavoliere e le Murge tende quasi a scomparire lasciando il suo posto alla cipolla nel Salento.

Tutto questo rende unica questa terra e la sua cucina è il prodotto di secolari fatiche dei nostri contadini e della loro fantasia che ha potuto rendere ricca di sapori, ingredienti e tradizioni. Il racconto della "Miseria" attraverso la cucina ci arriva come un messaggio d'amore: l'amore per la terra e la passione di un popolo che oltre le sue frontiere l'ha fatta conoscere e diventare fiore all'occhiello dei menù ricercati dei più famosi ristoranti italiani nel mondo.

WHY?

Cooking is one of my greatest passions, therefore, like all good housewives, I jealously guard in a drawer an old diary in which I wrote the recipes that my mother taught me to prepare. The pages are yellowed, stained by the traces of ingredients used for the preparation. These are footprints which bear witness to the passage of my hands on those papers.

Then there are handwritten slips added over time, secrets "stolen" during the years when I gained even more interest in my kitchen. Then there are many magazines, pictures of colorful dishes already prepared. Of course everything seems so detached until I start the engine with the right ingredients and start cooking, making it a colorful, fragrant delicious menu.

This book was started for fun, a challenge by my close friend born in Chicago, Fred. He is called my first American taster and is a big fan of the cuisine of Puglia (his origins are from Castellana Grotte) as well as mine. Thanks, Fred!

This small collection, along with a video presentation, is a valuable and exciting reinterpretation of childhood memories, nostalgia and gestures that made me reflect how I studied the art of cooking, starting from my land.

Despite that fact I grew up in a time when the "Misery," in some respects, was far enough away from the farmers' way of life, I was accustomed to hearing about it from the stories of grandparents. I tried to be part of that world as a child, trying not to erase the culture I inherited over time and distance from where I grew up.

I can say that my way of being, in all respects, is the result of the teachings of the people of my Apulia, of which I am very proud. In my continuing migration and returns I bring with me this beautiful cultural information. I often find myself telling stories and secrets to those who only know this land through dreamed or imagined from tales.

My American friends, from Apulia and beyond, sometimes can't even imagine the meaning of some of their memories and are yet so much in harmony with that far away land; so much so that they seem like real Italians.

I see them become curious and excited by the descriptions of everyday situations related to living in our country. Sometimes they know more than I, because their continuing search for the origins makes them curious and full of details like children. These are things that I often ignore. They have Italian blood, and they never stop believing. I spend much time preparing a good dish from Puglia as a gift to them, every time we meet, I enter deeply into their hearts. So I tried to enter in their fantasies with these photographs taken by my brother Francesco, artist and curator of images. To him I give my special thanks.

PERCHÉ?

La cucina è una delle mie più grandi passioni perciò, come tutte le brave massaie, custodisco gelosamente in un cassetto una vecchia agenda in cui scrivevo le ricette che mia mamma mi ha insegnato a preparare. Le pagine sono ingiallite, macchiate dalle tracce di ingredienti usati per la preparazione. Orme che testimoniano il passaggio delle mie mani sui quei fogli.

Poi ci sono foglietti scritti a mano aggiunti nel corso del tempo, segreti "rubati" nel corso degli anni quando ho maturato ancora di più l'interesse per la mia cucina. Poi tante riviste, le foto coloratissime di piatti già pronti. Certo tutto sembra così distaccato fino al momento in cui mi armo degli attrezzi e degli ingredienti giusti e inizio a cucinare, rendendo colorati e soprattutto profumati prelibati menù.

Questo libro nasce un po' per gioco, quasi una sfida fatta con il mio fraterno amico di Chicago, Fred, definito il mio primo assaggiatore americano, grande estimatore della cucina pugliese (le sue origini sono di Castellana Grotte) nonché della mia. Grazie, Fred!

Questa piccola raccolta, insieme ad una presentazione video, si è rivelata una preziosa ed emozionante rivisitazione di ricordi d'infanzia, di nostalgie e di gesti che mi hanno fatto riflettere in che modo mi sono "formata" in quest'arte della cucina, partendo da quella della mia Terra.

Nonostante sia cresciuta in tempi in cui la miseria, per certi aspetti, era abbastanza lontana dai canoni contadini, di cui ero abituata a sentire solo dalle narrazioni dei nonni, ho cercato di fare parte di quel mondo fin da bambina sforzandomi di non cancellare quel tipo di cultura ricevuta col passare del tempo e con la lontananza dai luoghi in cui sono cresciuta.

Posso affermare che il mio modo di essere, sotto tutti gli aspetti, è frutto degli insegnamenti della gente della mia Puglia, di cui sono molto orgogliosa.

Nel mio continuo migrare e poi tornare porto con me questo meraviglioso bagaglio e spesso mi ritrovo a raccontare aneddoti e segreti a chi questa terra l'ha solo sognata o immaginata perché qualcuno l'ha raccontata.

I miei amici americani di nascita, ma di origine pugliese e non solo, a volte neanche possono immaginare il significato di certi ricordi e sono allo stesso tempo così in simbiosi con essi tanto sembrare italiani veri. Li vedo incuriosirsi ed emozionarsi di fronte alle descrizioni di situazioni di vita quotidiana legate al vivere nel nostro Paese. A volte ne sanno molto più di me, perché la loro continua ricerca delle origini li rende curiosi come bambini e ricchi di dettagli che spesso io stessa ignoro. Loro sono italiani nel sangue e non smettono mai di crederci.

A loro dedico sempre la preparazione di un buon piatto pugliese come un regalo, ogni volta che ci incontriamo, entrando nei loro cuori profondamente.

Così ho cercato di poter entrare nelle loro fantasie proponendo qui fotografie realizzate da mio fratello Francesco, artista e cultore dell'immagine, a cui va un *ringraziamento* particolare.

BACK HOME WHEN I WAS A CHILD

When I seriously started to cook for others, I was ten years old. I don't remember, but I think I was in the third grade of Italian elementary school. My parents were out all day and my brother Francesco and I went to school alone. We had the keys to the house. Those were different times! I was not very tall, not very fat and not able to get the key to fit into the keyhole, so Francesco, a little fatter than I and with more strength, lifted me up and I slipped the key into the lock.

He was about a year younger than I, more or less, but he had a great appetite: when we returned from school he was hungry. Mom wasn't at home and lunch wasn't ready. There was something that she had prepared the evening before but it wasn't good to eat without being heated. We had a total ban on lighting the stove; too dangerous for children. So one day, by chance, he asked me to make a secret pact. He con-

21

fessed to me that he knew how to turn the knob of the gas cylinder valve and how to light the stove. I was stunned and even frightened, but I had to trust him. Since I was too skinny, we had to devise a strategy.

We put a chair in front of the sink and in front of the stove. The first step was to fill a pot of water so he mounted his chair and made the water run until the container was half full. I helped him get the pot off slowly until it was resting on the floor. After a little pause, he proceeded to pass the pot on the stove. So I climbed on the chair and he handed me the pot. Of course, he would light the stove climbing up on the chair for me. Often we were wrong with the amount of pasta and what remained we had to make disappear. This actually happened only a few times because once we learned the basics; we could prepare tasty omelets with leftovers.

The funniest thing was, day after day, having to find out how we could dress our favorite dish essentially in the simplest way. We had come up with ways to clean the garlic, measure the correct amount for each portion of pasta, oil and salt. It was fun because we fought to prepare these things, but in the end we were able to eat that which we had prepared, and that was our biggest achievement. To Francesco, however, the task of cleaning the stove remained and with his strength he polished it up to make it look new. Over time we learned to observe from Mamma, where she kept the necessary tools for cooking, the spices and seasonings, and especially how to shop for the food.

The shopping in the grocery store, though, was my job. Already at the age of five, I was very good at it. With the birth of my brother, Mario, the youngest, I had the task of going to buy fresh milk for him every day. I still remember the words of my mother just before I was about to close the door: "Remember to watch the date!" So, as I descended the stairs from the fifth floor of the condo where we lived, I re-peated in my mind two things: the expiration date and the amount of the money that I had to bring back home. I was never wrong, never. For the grocer, Mr. Felice, I soon be-came a nightmare. When my mother understood that I was able to write a list of things to buy, I would go into the shop of Mr. Felice and start a real tour of his shop.

I loved that place that smelled of stale dust. I loved it be-cause I could browse among the goods piled up. I looked on the shelves higher up because I thought better things were there, and then I read the cards with prices stuck with tape, written with a marker. Many of them were faded from the many times they had been recycled, and I used to look for errors, even in the names of foreign products. That tour also had also a practical sense: I looked at the prices and kept track of how much I was spending. I did an approximate count of my money to make sure it was enough in first place and then figured the correct change that Mr. Felice should give me. Mr. Felice's customers knew that sometimes he would forget to give five Lire in change, (Italian money at that time), but with me it was not a joke. He had tried a few times to give me less money and once even expired milk. I had taken him to task in front of everyone so mercilessly that one day he was so mortified that he came down from the bench and took his pencil from his ear and wrote on the package the change he had given me.

I had to make a good impression with my mother and I didn't want to lose his confidence and at the same time I de-fended my gain because these five lira became mine and at the end of the week I had the money to buy Mickey Mouse comic books. Well, once the shopping was no longer a prob-lem, then I was entrusted to make my own selections for what was needed in our home. Not long after the first experiments my mother realized what we were doing. One afternoon we sat down to do a crazy experiment: prepare "panzerotti." We didn't having much time so we decided to not use baking powder and mix just water, flour and salt. Mamma suddenly came back and found us filled with flour from head to foot. I remember that she wasn't angry with us but burst into laughter and decided to prepare for us the "real panzerotti."

These are the earliest memories I have of my first exciting steps in the kitchen, followed by real memories of weekly tasks such as preparing the chocolate donuts for breakfast, using the leftovers to prepare delicious fish pate, peel the potatoes for mashing. In short, everyone had a job.

The condo where we lived was in a central area and there were shops of all kinds. From the living room window we could see the street and the artisanal pastry shop and could tell it was open or not. At five o'clock in the afternoon, we could not be mistaken and without looking out or opening the window, came a scent of amazing croissants. They were round and crisp and in the center of the surface was a decoration of sugar. If for some reason we had been good during the week our snacks were those brioches stuffed with Nutella or the sweet custard prepared by Mamma with the secret recipe of my grandmother. They were really tasty! We tried in every way to imitate them, but we could not find the recipe so we tried to prepare "maritozzi" and "cannoli" filled with ricotta and chocolate.

There were times when even the kitchen equipment could not be found anywhere and we needed to prepare cannoli rolls for rolling the dough. I remember one afternoon; Dad and Francesco wore rubber boots and armed with knives ventured into the cane field-behind the house. They returned with long reeds and spent the whole evening cutting into small cylinders and then cleaning them well enough to use.

These were the most fascinating things that connected us to the kitchen. We were satisfied preparing different tastes for every day. From our apartment the world seemed different. We could first see a lot of things happen, for example, see the arrival of motorized three-wheeled carts of hawkers screaming who, under the scorching sun, traveled the country with a megaphone to attract the customers.

The sound of each voice was stored in our minds and with the first echo that came through the windows, we already knew we had to prepare to take to the streets to buy what we needed. From the fifth floor, we looked out to see what shape, shadows and colors of their vehicles, and knew in advance what was for sale that day because you could always buy what you needed. There was a cart filled with household knick knacks, one selling grapes or ones that had only potatoes or artichokes. Depending on the season you could see the truck loaded with watermelons slouching and rolling with the wheels on the ground from the weight and selling everything at very ridiculous prices not wanting throw them away.

The farmer who sold his vegetables had a little yellow "apetta" (the Italian name of three-wheeled carts) with a broken muffler with iron scaffolding mounted in the opened compartment that had supported a tarpaulin to protect the goods from the elements, but especially from the scorching sun. The boxes were stacked on each other in an orderly dovetailed manner. Every season had its specialties and their time of deterioration. On the open the side of the cart, where the cloth was rolled up, usually was that which was to be sold right away. The equipment was really unique, as the cart had a horizontal pole on which was hung on a meat hook a scale and a bag full of plastic bags. There were many things that could be seen.

At times it seemed like observing a painting, a masterpiece: plumes of turnip yellow flowers, surrounded by red, green and yellow peppers, the first pickings, bunches of fresh oregano hung to dry, clusters of red tomatoes the focus of the "wreath" for the winter, purple eggplants and then the spots of color in peaches and apricots.

Then there were some agricultural products, unknown outside of Puglia: "caccialepre," the "crispigni," curly chicory, wild fennel, the "marasciuli" (bitter herbs that grow in the vineyards), the "paparuli" (mushrooms with peppery flavor), the "lampasciuni," bitter onions that the farmer kept aside in small quantities and very delicious.

The colors and smells were unbeatable: when we were closer, they inundated us with a magical blend of spices and flavors of vegetables that only someone who has lived in the land of Apulia can recognize.

The most picturesque hawker was the farmer who brought eggs. His cart was made of wood with a single front wheel and two rear poles that were used to support the cart when he had to stop. His job made him walk for miles, but above all for hours, at least until all the eggs had been sold. Usually he arrived at three o'clock and woke up everyone from their afternoon nap, especially in the summer. He was screaming: "Chi vo' l'ov" (who needs eggs in Apulian dialect) at least ten times until some lady was asking how many days old were the wares. Those made in the morning where ready to be drunk by making two holes, one up and one down, and then sucking out the contents. They were very good and "will do you well," said my mother. I loved them, but I could not eat eggs more than once a week, so when I happened to look in the egg basket in the pantry, I stole some, always taking care to replace the empty shell at the bottom. Obviously Mamma noticed it and had problems.

Returning to the housewives who were buying fresh eggs: it depended on what they needed to do with them. Those cooler were for "piccininn" (little child) or homemade pasta. Those with two yolks cost a bit more for the "dozen" (they sold them that way). If needed to make cakes or omelets, two day old ones would do. The use of eggs was really great. One prepared everything at home from cookies to pasta and to purchase them you went down the street with a basket.

Unlike hawkers screaming for the vegetables, the cart of "Chi vo' l'ov" was unapproachable: the smell of chicken surrounded the whole area around it and I could not bear it. From far away one by one they ordered eggs. The peasant wrapped them in newspaper and paper and they were placed in a basket before paying thus to avoid disasters from happening. Sometimes, you could stumble into the street and make a really good omelet. Once home, with great care, rolls of paper were rolled out and the eggs were still dirty with the straw attached. Before storing in the basket, my Mamma cleaned them and we in chorus counted from the first to the last, as if a sacrificial rite, and so all were safe and sound.

They are the smells and the rituals that remind me of my home, my childhood, the dusty roads paved with red-hot pebbles, scraped knees and signs of bread and sugar water on our mustache. Childhood was so simple and unpretentious. We were used to that wealth which was not widespread. There were no supermarkets, shopping in big stores and everything was measured, but sincere. The provisions were "produced" in the house. The canned, peeled tomatoes, tomato sauce, eggplant, zucchini, dried tomatoes, tuna, artichokes all under oil, and also jams, candied grapes and figs, quince jam, taralli and biscuits, olives in salt, oregano, grated for the winter by hand, oil with the spices, and the spicy hot oil.

Throughout the winter there were provisions because in back then we simply had to anticipate and provide for everything that would be served during the winter. For a number of practical reasons it was impossible to be sure if you could find everything necessary. Not many people owned a car or left home after dark. It was dangerous because the roads were not lit and there was so much misery around that theft became probable. Each family was equipped with stored food, beginning in the spring with the first products that the land offered.

Each season had its riches, and when it was over, their treasures would not be grown in artificial greenhouses as today. Today, unfortunately, those smells, and above all those flavors, have become artificial, all the same, unfortunately. It all left memories that I could enjoy; the delights of my childhood were hard to find in a big city far away from local production.

Our parents taught us that the kitchen was created essentially for an ingenious way to present a meal with a few simple things put together at random. As such, the traditions were handed down from generation to generation and I had to learn as a child to make simple recipes.

Cooking was a ritual and everyone in the family was involved in the choice of condiments, in "capare" (selecting) the vegetables, lighting the fire, and especially the preparation of "focacce," taralli and pastries. It was a time when even the children were involved in a harmony of colors and smells that often brought to mind our memories. It became messy fun, first with the water to wash the vegetables, then with the flour for kneading and mixing strange forms; a game between one and the other. We then simply moved from experimentation to implementation.

The preparation of the recipes followed a definite ritual. Nothing was simply thrown together. Each recipe was a ritual that was followed carefully right to the presentation at the table. The passion has been handed down through gestures, cooking utensils, the appropriate flame for every dish and cooking times that must be respected and if disregarded, will not yield the desired results that unites ingredients to enhance or alter flavors.

The experiments with my brothers were a very good school that allowed me to learn to make my own culinary arts and to prepare different dishes for all seasons: in the summer preferred dishes were vegetables and fish, while in autumn and winter vegetable soup, homemade pasta served with tasty sauces.

Speaking of pasta, each type has its specific features: the "strascinati" (similar to big orecchiette), for example, are rectangles that are passed on a special cutting board and have one wrinkled face and one smooth face; "troccoli," originating in Foggia, look like Abruzzo "guitar macaroni" and are named after the stick used to cut them , the "troccolo." The famous and unique "orecchiette" are made by pressing with the thumb, giving a disc of dough with a concavity that makes them resemble a "conchiglietta" (little shell) ready to accommodate the sauce. It's a pasta made from durum wheat semolina and very tasty. To dress this specialty, one prepares the homemade traditional "ragù" (meat sauce that can be meat or fish), but can also be prepared with many and diverse ingredients: vegetables, meat, and fish.

RITORNARE A CASA QUANDO ERO BAMBINA

Quando ho iniziato seriamente a cucinare per gli altri non avevo neanche dieci anni. Non ricordo bene, ma penso frequentassi la terza elementare. I miei genitori era fuori tutto il giorno, io e mio fratello Francesco andavamo a scuola da soli, avevamo già le chiavi di casa: erano altri tempi! Ero così piccola di altezza e minuta di corporatura che non arrivando alla toppa per infilare la chiave lui, un bel po' più in carne di me e con più forza, mi sollevava.

Aveva circa un anno meno di me, mese più, mese meno, ma con l'appetito mi superava alla grande: quando rientravamo da scuola lui era affamato. A casa non c'era la mamma con il pranzo pronto, se non qualcosa che ci aveva preparato la sera prima che spesso non era proprio mangiabile senza essere riscaldata. Avevamo il divieto assoluto di accendere i fornelli, troppo pericolosi per i bambini. Così un giorno, per caso, lui mi propose di fare un patto segreto.

Mi confessò di essere in grado di girare la manopola del rubinetto della bombola del gas e di saper accendere i fornelli. Io ero esterrefatta e anche impaurita, ma dovevo fidarmi di lui. Visto che io ero troppo gracile si decise di studiare una strategia.

Posizionammo una sedia davanti al lavello ed una davanti alla macchina del gas. Il primo passo era riempire una pentola di acqua, così lui montava sulla sedia e faceva scorrere l'acqua fino a metà del recipiente, poi lo sollevava e io lo aiutavo a scendere lentamente finché la pentola non era appoggiata al pavimento. Dopo un po' di pausa si procedeva nel passare la pentola sul fornello. Così io salivo sulla sedia e lui mi porgeva la pentola, ovviamente lui avrebbe acceso il fornello salendo sulla sedia al posto mio. Spesso ci si sbagliava con le quantità di pasta e quella che rimaneva dovevamo far-la sparire, ma questo accadde davvero poche volte perché una volta imparate le cose basilari, potevamo preparare gustose frittate con gli avanzi. La cosa più divertente è stato, giorno dopo giorno, scoprire in che modo avremmo potuto condire il nostro piatto preferito ed essenzialmente nel modo più semplice. Avevamo escogitato i modi per pulire l'aglio, misurare la quantità giusta di pasta per ogni porzione, l'olio e il sale.

Era divertente e tra una litigata e l'altra si riusciva sempre a mangiare qualcosa preparato da noi e quella era la conquista più grande. A Francesco, però, restava il compito di pulire i fornelli e con la forza che aveva li lucidava fino a farli sembrare nuovi.

Col tempo avevamo imparato ad osservare quello che faceva la mamma, imparato i posti in cui teneva gli occorrenti per cucinare, dalle spezie ai condimenti e, soprattutto, a fare la spesa.

Fare la spesa nel negozio degli alimentari, però, era compito mio. Già dall'età di cinque anni ero diventata bravissima. Grazie alla nascita di mio fratello Mario, il più piccolo, avevo avuto il compito di andare a comprare il latte fresco per lui ogni giorno. Ricordo ancora la frase della mamma un attimo prima che chiudessi la porta: "ricordati di guardare la scadenza!!!!"

Così, mentre scendevo le scale dal quinto piano del condominio in cui abitavamo, mi ripetevo nella mente due cose: la scadenza e il resto che avrei dovuto portare a casa. Non avevo mai sbagliato, mai. Per il droghiere il signor Felice ero ben presto diventata un incubo. Quando qualche tempo dopo mia madre si rese conto che ero in grado di poter fare una lista e comprare molte più cose, scendevo da Felice e iniziavo un vero e proprio tour nel suo negozio.

Amavo quel posto polveroso che odorava di stantio, lo amavo perché potevo curiosare in mezzo alle merci accatastate, guardavo sugli scaffali più in alto perché secondo me le cose migliori erano lì, e poi leggevo i bigliettini con i prezzi appiccicati con lo scotch, scritti col pennarello e molti di loro scoloriti per le tante volte che erano stati riciclati e mi divertivo a cercare gli errori, magari nei nomi di prodotti stranieri.

Quel tour aveva anche un senso pratico: raccoglievo, in base alla lista che avevo, i prezzi e facevo un conto approssimativo sicura che i soldi mi bastassero prima di tutto e poi sicura della cifra del resto che Felice mi avrebbe dovuto dare. Lo sapevano tutti che a volte una cinque lire dimenticava sempre di darla nel resto, ma con me non si scherzava. Lui ci aveva provato qualche volta a darmi meno soldi e anche il latte scaduto, ma lo avevo ripreso davanti a tutti in modo così impietoso che una volta era così mortificato che scese dal bancone si tolse la matita che aveva sull'orecchio e mi scrisse sul foglietto il resto che mi aveva dato.

Io avevo da fare bella figura con la mamma e non volevo perdere la sua fiducia e nello stesso tempo difendevo il mio guadagno perché i pezzi da cinque lire del resto erano miei e alla fine della settimana avevo i soldi per comprarmi Topolino. Bene, una volta che la spesa non era più un problema avevamo anche cosa scegliere al di fuori di quello che c'era a casa. Non trascorse molto tempo dai primi esperimenti che mia madre si accorse di quello che facevamo. Un pomeriggio ci mettemmo a fare un esperimento da pazzi: preparare i panzerotti. Non avendo molto tempo a disposizione decidemmo di non usare il lievito e di impastare con solo acqua, farina e sale. Lei arrivò all'improvviso e ci trovò pieni di farina dalla testa ai piedi, ricordo che non si arrabbiò, anzi scoppiò in una risata fragorosa e decise di preparare con noi i "veri" panzerotti.

Questi sono i primi ricordi che ho dei miei primi emozionanti passi nella cucina, seguiti poi da veri e propri ricordi di compiti settimanali come preparare il ciambellone al cioccolato per la colazione, utilizzare gli avanzi di pesce preparando gustosi patè, pelare le patate per la purea, insomma ognuno di noi aveva un compito.

Il condominio in cui abitavamo era in una zona centrale e c'erano negozi di tutti i generi. Dalla finestra del salone guardando in strada si poteva scorgere la pasticceria artigianale e rendersi conto se fosse aperta o meno. Alle cinque del pomeriggio però non potevi sbagliarti e si faceva a meno di capire affacciandosi se fosse aperta o no: saliva un profumo di brioches fantastico. Erano rotonde e sofficissime ed al centro della superficie c'era una decorazione di zucchero. Se per qualche ragione eravamo stati buoni durante la settimana la nostra merenda erano quelle brioches farcite con la nutella o con la crema pasticcera preparata da mamma con la ricetta segreta di nonna. Erano davvero gustose! Avevamo cercato in tutti i modi di imitarle, ma non eravamo riusciti a scoprire la ricetta così c'eravamo ingegnati a preparare maritozzi e cannoli ripieni di ricotta e cioccolato.

Erano tempi in cui anche gli attrezzi da cucina non si potevano trovare dovunque e per preparare i cannoli avevamo bisogno di cilindri per arrotolare la sfoglia. Mi ricordo che un pomeriggio papà e Francesco indossarono stivali di gomma ed armati di coltellacci si avventurarono nel canneto che era dietro casa.

Tornarono con delle canne lunghissime e trascorsero tutta la serata a segarle in tanti piccoli cilindri e poi a scrostarle bene per poterle utilizzare.

Queste erano le cose più affascinanti che ci legavano alla cucina, attrezzarsi per tutto e le giornate avevano un gusto diverso.

Dall'alto del nostro appartamento era tutto diverso, potevamo vedere per primi accadere un sacco di cose come, per esempio, vedere l'arrivo dei carretti motorizzati a tre ruote degli strilloni che sotto il sole cocente giravano il paese con il megafono per attirare la clientela.

Il suono di ogni voce era memorizzato nella nostra mente e alla prima eco che arrivava attraverso le finestre, già sapevamo se dovevamo prepararci a scendere in strada a comprare quello che ci occorreva. Ci si affacciava per vedere quella sagoma carica e colorata e sapere in anticipo cosa vendesse quel giorno perché non si poteva sempre comprare quello che ti serviva. C'era il carretto con i casalinghi pieno di cianfrusaglie, quello che vendeva solo uva, quello che aveva solo patate o carciofi e dipendeva dalla stagione potevi imbatterti nella singolare visione del carretto carico di cocomeri che camminava dinoccolato e con le ruote quasi a terra per il peso e che vendeva tutto a prezzi davvero ridicoli pur di disfarsene.

Il contadino che vendeva le proprie verdure aveva un "aspetta" gialla smarmittata con un'impalcatura di ferro montata nel vano di trasporto scoperto su cui aveva appoggiato un telone per difendere le masserizie dalle intemperie, ma, soprattutto dal sole cocente. Le cassette erano impilate le une sulle altre in modo ordinato e a incastro; ogni stagione aveva le sue specialità e i suoi tempi di deterioramento quindi dalla parte aperta del carretto, dove il telo era arrotolato, di solito teneva quello che urgeva di vendere. L'attrezzatura era davvero ineguagliabile, il carretto aveva un'asta orizzontale su cui era appesa ad un gancio da macellaio una bilancia e un sacco pieno di buste di plastica. Non c'era solo quello.

A volte sembrava di poter osservare un quadro, un'opera d'arte: pennacchi di cime di rapa fioriti di giallo, contornati dal rosso, verde e giallo dei primi peperoni di stagione, mazzi di origano fresco appesi ad essiccare, grappoli di pomodori rosso fuoco del "serto" per l'inverno, il viola delle melanzane e poi le macchie di colore delle pesche e delle albicocche.

Poi c'erano alcuni prodotti dell'agricoltura, sconosciuti fuori della Puglia: "caccialepre," i "crispigni," la cicoria riccia, i finocchietti selvatici, i "marasciuli" (erbette amare che crescono nelle vigne), i "paparuli" (funghi dal gusto pepato), i "lampasciuni," cipollotti amarognoli che il contadino teneva accantonati perché in quantità modiche e poi molto prelibati. I colori e gli odori poi erano ineguagliabili: mano man che ti ci avvicinavi ti inondava un miscuglio magico di spezie e di profumi di verdure che solo chi ha vissuto in terra di Puglia sa riconoscere.

Una visione un po' più pittoresca era invece il contadino che portava le uova.

Il suo carretto era di legno con un'unica ruota anteriore e due pali posteriori che servivano per appoggiare il carretto quando doveva fermarsi. Lo spingeva a piedi per chilometri, ma soprattutto per ore, almeno fino a che tutte le uova non erano state vendute.

Di solito arrivava verso le tre del pomeriggio svegliando tutti dal sonnellino pomeridiano d'obbligo soprattutto d'estate.

Urlava: "Chi vo' l'ov" almeno dieci volte fino a quando qualche signora si affacciava chiedendo di quanti giorni fossero. Quelle di giornata si bevevano direttamente facendo due buchi speculari dell'altezza e poi si succhiava il contenuto. Erano buonissime e facevano bene, diceva la mia mamma. Io le adoravo, ma non potevo mangiare uova più di una volta la settimana, così quando mi capitava sotto tiro il cestino che le conteneva nella dispensa, ne rubavo sempre qualcuno avendo cura di rimettere il guscio vuoto in fondo. Ovviamente mamma se ne accorgeva ed erano guai seri.

Ritornando alle massaie che compravano le uova fresche, dipendeva da cosa dovevano farne. Quelle più fresche per i "piccininn" o la pasta fatta in casa o quelle a due tuorli, costavano qualcosa in più alla "dozzina" (si vendevano così), mentre se occorrevano per fare i dolci o le frittate andavano benissimo anche quelle di due giorni prima. L'uso delle uova era davvero spropositato. Si preparava tutto in casa dai biscotti alla pasta e per acquistarle si scendeva in strada con la cesta.

A differenza dello strillone delle verdure, il carretto di "Chi vo' l'ov" era inavvicinabile: un puzzo di gallina circondava l'area tutta intorno ed era impossibile sopportarlo. Da lontano a uno a uno si ordinavano le uova. Il contadino le avvolgeva nella carta del giornale e prima di pagare si riponevano nel cestino per evitare disastri che a volte succedevano dopo, quando si poteva inciampare in strada e farne davvero una bella frittata. Una volta a casa con molta cura, i cilindri di carta erano srotolati e le uova si presentavano ancora sporche e con la paglia attaccata. Prima di riporle nella cesta la mia mamma le puliva e noi in coro si contavano dalla prima fino all'ultima, come un rito propiziatorio e affinché tutte fossero sane e salve.

Sono quegli odori e quei rituali che mi ricordano casa, la mia infanzia, le strade polverose fatte di ciottoli bianchi arroventati, di ginocchia sbucciate e segni di pane acqua e zucchero sui baffi. Un'infanzia semplice e senza pretese, eravamo abituati così perché la ricchezza non era diffusa, non esistevano i supermarket, la spesa con le provviste, tutto era misurato, ma sincero. Le provviste si "producevano" in casa. Le conserve, i pomodori pelati, la salsa di pomodoro, i sott' olio, melanzane, zucchine, pomodori secchi, tonno, carciofi e poi le marmellate, le mostarde di uva e di fichi, la marmellata di mele cotogne, i taralli e i biscotti, le olive sotto sale, l'origano per l'inverno grattugiato con le mani, l'olio con gli aromi, l'olio piccante.

Per tutto l'inverno c'era la "provvista" perché quel tipo di vita semplice ti imponeva di prevedere e provvedere a tutto quello che ti sarebbe servito durante l'inverno. Per una serie di motivi pratici non era possibile poter essere sicuri che all'occorrenza avresti potuto trovare tutto, non molti possedevano un'auto, uscire da casa col buio era pericoloso perché le strade non erano illuminate e poi c'era così tanta miseria in giro che diventava probabile anche il furto. Insomma, ognuno provvedeva alle provviste per la propria famiglia cominciando dalla primavera e dai primi prodotti che la terra offriva.

Ogni stagione aveva le sue ricchezze e se passava, non si poteva ricorrere alla crescita artificiale che le serre oggi ci permettono. Oggi purtroppo quegli odori, ma soprattutto i sapori, sono diventati artificiali, tutti uguali, lasciando purtroppo ai ricordi le prelibatezze che potevo gustare nella mia infanzia e che è raro ritrovare in una grande città lontano dalla produzione locale.

I nostri genitori ci hanno insegnato che la cucina è nata essenzialmente da quel modo ingegnoso di tirar fuori un pasto con poche semplici cose messe insieme a caso. Così le tradizioni si sono tramandate di generazione in generazione ed io stessa ho avuto modo di imparare fin da bambina a realizzare ricette semplici.

Quando si cucinava, era un rito e tutta la famiglia ne era coinvolta nella scelta dei condimenti, nel "capare" le verdure, accendere il fuoco, e soprattutto la preparazione di focacce, taralli e dolci era un momento in cui anche i bambini erano coinvolti in un'armonia di colori e di odori che spesso tornano in mente nei nostri ricordi. Diventava un divertimento pasticciare prima con l'acqua per lavare le verdure, poi con la farina per impastare strane forme e tra un gioco e l'altro è stato poi semplice passare dalla sperimentazione alla realizzazione.

La preparazione delle ricette seguiva un rito ben preciso. Tutto non era mescolato per caso, ogni ricetta era un rito che sapientemente si seguiva fino alla presentazione a tavola. Ci è stata tramandata la passione che passa attraverso i gesti, gli utensili per cucinare, la fiamma appropriata per ogni pietanza e i tempi che vanno rispettati anche se lunghi per non vedere disattesi i risultati e a unire ingredienti per esaltare e non alterare i sapori. Le sperimentazioni fatte con i miei fratelli, sono state un'ottima scuola che mi ha permesso di conoscere e fare mia l'arte culinaria per preparare piatti diversi in ogni stagione: in estate si preferivano piatti a base di verdure e di pesce, mentre in autunno e in inverno le minestre di legumi, la pasta fatta in casa condita con sughi saporiti.

Parlando proprio di pasta ogni tipo ha la sua fisionomia precisa: gli strascinati, per esempio, sono rettangoli che si passano su un tagliere speciale e presentano una faccia rugosa e una liscia; i troccoli, originari del foggiano, somigliano ai maccheroni alla chitarra abruzzesi e prendono il nome dal bastone che serve per tagliarli: il troccolo.

Invece le famose e uniche orecchiette si fanno premendo col pollice, imprimendo su un dischetto di pasta una concavità che le fa somigliare a una conchiglietta pronta ad accogliere il sugo. E' una pasta a base di semola di grano duro, molto saporita. Per condire questa specialità fatta a mano si prepara il tradizionale il ragù che può essere di carne o di pesce, ma può anche essere preparato con molti e diversissimi ingredienti: verdure, carne, pesce.

La "Miseria": Poverty and Hunger

Grandparents talk about the days when the cold was so sharp that you could only stay by the fireside and how our food was born in front of a chimney with what little there was at hand. During a break, or in the evening in the family, the olives were cooked under the ashes. They had cheese, artichokes and eggplant in olive oil and hard bread, warmed on the fire, and dressed with oil, salt, red tomatoes and oregano.

On the fire they cooked the vegetables and legumes in pots and the "pan cotto" (cooked bread) the "cicoriette" fried with garlic and chili oil and then braised. The vegetables, olives, potatoes, zucchini, peppers, eggplants, chicory, were cooked in the characteristic "Tiella" or "Tiedda" where the farmer put it all together with the various raw ingredients in layers, resulting in a dish with diverse but harmonious tastes.

In reality, grandparents have told us that when there is "misery" one seeks to bring order in the kitchen. The weekly menu was strictly followed because it was not only a habit and a ritual, but because of the ingredients that needed to be procured and the time needed for preparation. The peasants had their own menu, as well as the fishermen and over time, from then until now, they have merged with the demands and the places in Puglia or the world or I might add, where you live.

The peasant ate as described and at the end of each meal consumed fresh fruit. Sweets were reserved only for special occasions and holidays.

When there was Misery, one began his day with breakfast of a glass of sweetened milk with a piece of hard bread soaked inside. Lunch consisted of soup and, when at home, the family used large bowls placed in the center of the table where each person served himself. The dish was made of iron or handmade enameled terracotta. Dinner often consisted of a soup made by boiling eggs in the water, with onion, parsley, some tomatoes, salt, oil and after a few minutes the cook poured in the whole eggs. When they were solidified, the soup was ready.

The Farmer's Weekly Menu

MONDAY: Vegetables in soup or other vegetables cooked with tomatoes. The main dish consisted of the broth in the meat accompanied by fresh cheeses.

TUESDAY: "Orecchiette" with broccoli, meatballs made only with eggs and bread (without meat), or the homemade "salumi" accompanied by salad or fennel.

WEDNESDAY: Legumes cooked in pots on the fire, then roast beef.

THURSDAY: Pasta with tomato sauce and white meats like rabbit and chicken stew cooked and accompanied with delights in oil like artichokes, eggplant, sundried tomatoes, etc.

FRIDAY: Beans and chicory or stewed or boiled turnips or other vegetables such as minestrone. Then an omelette with onions, or roasted lamb with potatoes.

SATURDAY: Pasta with fish, usually tuna in oil is preferred and then home-made omelette with zucchini.

SUNDAY: Pasta served with meat sauce and usually it was a single dish.

The Fisherman's Weekly Menu

The fisherman had a menu of course richer in fish, but with consumption of vegetables. Very little fruit was eaten and hardly appeared in their diet.

MONDAY: Chicken soup, grilled fish with cooked vegetables.

TUESDAY: Spaghetti with fresh tomato and baked fish, like grouper or red snapper.

WEDNESDAY: Pasta cooked in the oven and fried fish.

THURSDAY: Pasta dressed in various ways with fresh tomato sauce, vegetables or fish and roasted meat or chops.

FRIDAY: Vegetable soup with steak and salad.

SATURDAY: Pasta with tuna and mackerel in the oven.

SUNDAY: Spaghetti with seafood and chicken with roasted potatoes.

La Miseria

I racconti dei nonni parlano di giorni in cui il freddo era così tagliente che si poteva stare solo davanti al fuoco e di come la nostra cucina nasce davanti a un camino con quel poco che si aveva. Durante una pausa, o la sera in famiglia, si cucinavano le olive sotto la cenere, si assaporava formaggio pecorino, carciofi e melanzane sott'olio e il pane duro, scaldato sul fuoco, e condito con olio, sale, pomodori rossi e origano.

Sul fuoco si cucinavano anche le verdure e i legumi nelle pignatte. Il pan cotto, le cicoriette soffritte con olio aglio e peperoncino e poi stufate. Le verdure, le olive, le patate, le zucchine, i peperoni, le melanzane, la cicorietta, erano cucinate nella caratteristica "tiella" o "tiedda" dove il contadino metteva tutto insieme a crudo i vari ingredienti a strati, ottenendo una pietanza dai gusti diversi ma armoniosi.

Proprio i nonni ci hanno raccontato che quando c'è la "Miseria" si cerca di dare un ordine anche nella cucina; ecco che il menù settimanale veniva scrupolosamente seguito non solo perché era un'abitudine rituale, ma perché per poter essere procurati gli ingredienti e la preparare si aveva bisogno di tempo.

I contadini avevano un loro menù, così come i pescatori e col tempo, da allora fino ad oggi, si sono fusi secondo le esigenze e il posto della Puglia o del mondo, oserei aggiungere, in cui si vive.

Il contadino mangiava così come vi descriverò, e alla fine di ogni pasto consumava frutta di stagione; i dolci erano riservati solo nelle occasioni speciali e durante le festività.

Quando c'era la Miseria iniziava la giornata con la prima colazione a base di un bicchiere di latte zuccherato e dentro ci si inzuppava una fetta di pane duro, il pranzo consisteva in un'unica minestra e quando c'era in una casa una famiglia numerosa si servivano tutti, con la propria posata, da un unico piatto messo al centro della tavola. Il piatto era di ferro smaltato o di terracotta fatta a mano.

La cena spesso consisteva in una zuppa di uova fatta facendo bollire nell'acqua la cipolla, il prezzemolo, qualche pomodoro, il sale, l'olio e dopo qualche minuto si versavano le uova intere e quando queste erano solidificate, la zuppa era pronta.

Menù settimanale del Contadino

LUNEDÌ: Verdure in brodo o un altro tipo di verdure cucinate con il pomodoro. Il secondo consisteva nella carne del brodo accompagnata da formaggi freschi.

MARTEDÌ: Orecchiette con le cime di rapa, le polpette fatte con la mollica, senza carne, oppure i salumi fatti in casa accompagnati da insalata o finocchi.

MERCOLEDÌ: Legumi cucinati nelle pignatte sul fuoco, poi arrosto di carne.

GIOVEDÌ: Pasta al sugo e carni bianche come coniglio e pollo cucinati in umido ed accompagnati da specialità sotto'olio come carciofini, melanzane, pomodori secchi ecc.

VENERDÌ: fave e cicorie oppure le rape stufate o lesse o altro tipo di verdure come il minestrone. Per secondo la frittata con le cipolle oppure agnello al forno con le patate.

SABATO: Pasta con il pesce, di solito si prediligeva il tonno sott'olio fatto in casa e per secondo frittata con le zucchine.

DOMENICA: Pasta condita con il sugo di ragù di carne e faceva da primo e secondo.

Menù settimanale del Pescatore

Il pescatore aveva un menù ovviamente più ricco di pesce, ma con consumo di verdure. La frutta era consumata pochissimo e difficilmente compariva nella loro dieta.

LUNEDÌ: Brodo di pollo, pesce arrosto con contorno di verdure cotte.

MARTEDÌ: Spaghetti con il pomodoro fresco e pesce al forno, tipo cernia o dentice.

MERCOLEDÌ: pasta al forno e frittura di pesce.

GIOVEDÌ: Pasta asciutta condita in vari modi con sugo di pomodoro fresco, verdure o pesce e per secondo le braciole di carne arrostite.

VENERDÌ: minestrone con bistecca e insalata fresca.

SABATO: Pasta con il tonno e sgombro al forno.

DOMENICA: Spaghetti alla pescatora e pollo con patate al forno.

Conversion Table • Tavola Delle Conversioni

Cup = Tazza
- 1 cup = 250 g
- 1/2 cup = 125 g
- 1/4 cup = 63g
- 1 cup flour = 125 grammi
- 1 cup of whole wheat flour = 120 grammi
- 1 cup of granulated sugar = 200 grammi
- 1 cup of sugar cane = 220 grammi
- 1 cup of powdered sugar = 120 grammi
- 1 cup of milk = 240 grammi
- 1 cup of water = 240 grammi
- 1 cup of olive oil = 215 grammi
- 1 cup of butter = 227 grammi
- 1 cup of honey = 350 grammi

Tablespoon = Cucchiaio
- 1 tablespoon = 15 grammi
- 1 tablespoon flour = 8 grammi
- 1 tablespoon sugar = 13 grammi
- 1 tablespoon powdered sugar = 8 grammi
- 1 tablespoon vanilla extract = 13 grammi
- 1 tablespoon olive oil = 14 grammi
- 1 tablespoon butter = 16 grammi

Teaspoon = Cucchiaino
- 1 teaspoon = 5 grammi
- 1 teaspoon sugar = 4 grammi
- 1 teaspoon powdered sugar = 2 grammi
- 1 teaspoon yeast (chemical)= 5 grammi

Oz = Oncia
- ½ oz= 15g
- 1 oz = 30 grammi
- 2 oz = 60 grammi
- 3 oz = 90 grammi
- 4 oz (¼ lb) = 125 grammi
- 5 oz = 155 grammi
- 6 oz = 185 grammi
- 7 oz = 220 grammi
- 8 oz (½lb) = 250 grammi
- 9 oz = 280 grammi
- 10 oz = 315 grammi
- 11 oz = 345 grammi
- 12 oz (¾ lb) = 375 grammi
- 13 oz = 410 grammi
- 14 oz = 440 grammi
- 15 oz = 470 grammi
- 16 oz (1lb) =500 grammi
- 24 oz (1½lb) = 750 grammi
- 32 oz (2lb) =1000 grammi (1kg)

Lb = Libra
- 1 lb = 500 grammi
- 2 lb = 1000 grammi (1 kg)

1 cup = 16 tablespoons 1/2 cup = 8 tablespoons 1/4 cup = 4 tablespoons 1 tablespoon = 3 teaspoons 1/2 tablespoon = 1-1/2 teaspoons

WE START TO TASTE!

At mid-morning a sense of hunger came like a sword in the stomach. Our games often took place in the street and were really exhausting with a huge expenditure of energy. Beyond the call of hunger, there was the call of my mother who prepared a dish of bread and tomatoes. It's a simple preparation that we quickly learned by necessity. At home the bread was always in abundance because of the huge loaves that were produced, but after a few days it became hard and stale slices were kept in a cotton bag and served in our own morning snack.

A metà mattina un certo senso di fame arrivava come una spada nello stomaco. I nostri giochi spesso si svolgevano per strada ed erano davvero faticosi con un dispendio di energie enorme. Oltre al richiamo della fame, c'era il richiamo di mia mamma che preparava in cucina una enorme piatto di Pane e Pomodoro. E' una preparazione semplice che abbiamo subito imparato anche per necessità. In casa il pane era sempre in abbondanza per via delle enormi pagnotte che si producevano, ma già dopo qualche giorno le fette avanzate diventavano dure e si conservavano in un sacchetto di cotone. Servivano proprio al nostro spuntino di metà mattina.

Bread and Tomato

Slices of stale bread
small, ripe tomatoes
oregano salt oil.

Place the bread under running water until damp. Put them in the pot and put chopped tomatoes over. Add salt first, then the oil with a small spout oil can and finally the oregano. *The dish is ready.*

Pane e Pomodoro

Fette di pane raffermo
pomodori piccoli e maturi
sale olio origano.

Si mette la fetta di pane sotto un filo di acqua corrente e si inumidisce. Si posa nel piatto e ci si tagliano sopra i pomodorini, si aggiunge prima il sale, poi l'olio con un'oliera dal becco piccolissimo e infine l'origano. *Il piatto è pronto.*

Acquasale

This is the simplest and most well-known dish of the poor peasant cuisine. It satisfies a lot and uses, instead of bread and tomato, a preparation more difficult.

When we returned from our summer day at the beach, we were hungry and we didn't have the patience to wait for lunch. We took a big earthenware pot of Terlizzi and began to throw in the ingredients.

Stale Altamura bread or other homemade bread
1/2 cup extra-virgin olive oil
15 cherry tomatoes typical of Puglia
2 cloves garlic
1 large red onion
A few basil leaves
Oregano
Salt
Fresh water

Wash and dry the tomatoes and cut in half. Peel the garlic and onion and chop the tomatoes, add salt, oil, washed basil and oregano. Begin to add the seasoning to the water gradually, stirring with a piece of bread speared on a fork for a few minutes until it is just right amount of water to the amount of bread to dip. Then add the stale bread cut into small pieces. Serve in soup plates or salad bowls.

Acquasale

Questo è il più semplice e conosciuto piatto povero della cucina contadina che sazia davvero tanto e necessita, al contrario del pane e pomodoro, di una preparazione più impegnativa...

Quando d'estate si rientrava dal mare affamati, tanto da non avere la pazienza di aspettare che si preparasse il pranzo, si prendeva una grossa ciotola di terraglia di Terlizzi e si iniziava a metterci dentro gli ingredienti.

Pane di Altamura raffermo o altro pane casareccio
100 gr olio d'oliva extra-vergine
15 pomodorini tipici pugliesi
2 spicchi aglio
1 cipolla rossa grande
alcune foglie basilico
origano
sale
acqua fresca

Lavare ed asciugare i pomodori, tagliarli a metà. Sbucciare l'aglio e la cipolla e tritarli sopra i pomodori; aggiungere il sale, l'olio, il basilico lavato e l'origano. Iniziare a versare sul condimento a poco a poco l'acqua, mescolando con un pezzo di pane infilzato da una forchetta per qualche minuto fino a che non sia giusta la quantità di acqua per la quantità di pane da immergervi. Poi aggiungere il pane raffermo tagliato a pezzetti. Si serve in piatti fondi o ciotole per insalata.

Pasta with breadcrumbs

Also pasta with the bread crumbs and the one at "sangio-vannina" is rated amongst the fastest and at the same time one of the most delicious preparations. It was the genuine dish that was eaten in summer, that tasted of earth and sea and also had the flavor of when you first sipped a chilled white wine and when one munched succulent "olives alla calce." It also appeals to children because it is a little spicy and, above all, because the anchovies are without bones. Bony fish are typically fish is that are truly the tastiest.

13 oz. of Bucatini
3 full tablespoons of breadcrumbs
10 oz. fresh tomatoes
4 salted anchovies
a handful of raisins and pine nuts
2 cloves of garlic
chili peppers
1/4 cup extra virgin olive oil
salt

Peel the garlic and fry in some oil with the chili sand remove it as soon as it is browned and add the anchovies (washed and boned) then tomatoes, washed, seeded and cut into fillets. Add the salt, raisins and pine nuts and cook for about 10 minutes in a large pot of salted water cook the pasta.

Meanwhile fry the breadcrumbs in a little hot oil, stirring until e golden, then remove from the pan and place on absorbent kitchen paper to remove the excess oil.

Drain the pasta and transfer to a bowl and drizzle the sauce of tomatoes and anchovies and then sprinkle with bread crumbs and serve.

Pasta con la mollica

Anche la pasta con la mollica e quella alla "sangiovannina" è annoverata tra le preparazioni più veloci e gustose allo stesso tempo. Era il piatto che si consumava d'estate, genuino, che sapeva di terra e di mare e che si gustava il suo sapore se prima si sorseggiava un buon vino bianco ghiacciato e si sgranocchiavano tra i denti carnose "olive alla calce." Piace ai bambini perché poco piccante e, soprattutto, perché le alici sono senza le spine, croce e delizia del pesce, perché si sa che il pesce più spinoso è davvero quello più saporito.

400 gr di bucatini
3 cucchiai abbondanti di pangrattato
300 gr di pomodorini freschi
4 alici salate
una manciata di uvetta e di pinoli
2 spicchi di aglio
peperoncino
50 gr olio extravergine di oliva
sale q.b.

Sbucciare l'aglio e farlo soffriggere in un po' di olio insieme al peperoncino; toglierlo appena imbiondisce e aggiungere le alici (lavate e spinate) poi i pomodorini, lavati, privati dei semi e tagliati a filetti. Aggiungere il sale, l'uvetta e i pinoli e lasciare cuocere per circa 10 minuti.

In una pentola con abbondante acqua salata cuocere i bucatini. Nel frattempo rosolare il pangrattato in poco olio molto caldo, mescolando fino a quando risulterà dorato, poi togliere dalla padella e passarlo a perdere l'unto in eccesso su carta assorbente da cucina.

Scolare la pasta al dente, trasferire in una zuppiera e condire con il sugo di pomodorini e alici, poi cospargere con il pangrattato e servite.

Sangiovannina Macaroni

12 oz penne or rigatoni
13 oz of peeled tomatoes
1 clove of garlic
4 salted anchovies
1 tablespoon salted capers
10 black olives
1 red chili pepper
1 bunch of parsley
grated pecorino pugliese
extra virgin olive oil
salt

In a pan heat about 3 tablespoons of olive oil with garlic, peeled and left whole and then add the anchovies and allow to melt in the hot oil.

Add the tomatoes, capers, olives, pitted and finely chopped chili. Cook over medium heat for about 10 minutes. Finally add the chopped parsley and remove from the heat.

In the meantime, bring plenty of water to a boil in a pot, add salt and cook the pasta. When Al dente, pour into pan with the sauce and toss briefly over a high flame.

Transfer to the plates and serve immediately, sprinkled with grated pecorino cheese.

Maccheroni alla Sangiovannina

350 g di penne o rigatoni
400 g di pomodori pelati
1 spicchio di aglio
4 acciughe sotto sale
25 g di capperi sotto sale
10 olive nere
1 peperoncino rosso piccante
1 mazzetto di prezzemolo
pecorino pugliese grattugiato
olio extravergine di oliva
sale

In una padella scaldare circa 3 cucchiai di olio di oliva con l'aglio sbucciato e lasciato intero, poi unire le acciughe e lasciarle sciogliere nell'olio caldo.

Aggiungere i pomodori pelati, i capperi, le olive snocciolate e il peperoncino tritato finemente; lasciare cuocere a fuoco medio per circa 10 minuti. Infine aggiungere il prezzemolo tritato e togliere dal fuoco.

Nel frattempo portare a ebollizione abbondante acqua in una pentola, salate e cuocetevi la pasta. Scolarla al dente, versarla nella padella con il sugo e "saltare" brevemente a fiamma vivace.

Trasferire il tutto nei piatti e servite subito, cospargendo di pecorino grattugiato.

"Mezze penne" with roasted tomatoes

There were days when my mom even had time to spend to cooking and we were too young or taken from games to give her a hand. Those were the days when you could think of nothing that could prevent stand in front in the kitchen. Then pull out drawer for his secret agenda with its equally secret recipes. There was one that seemed suited to emergencies, fast and out of the ordinary, typical summer except for the ignition of the furnace that heated the house up practically late in the evening.

13 oz. mezze penne
4 firm tomatoes
chopped parsley
chopped chives
basil
mint
grated bread crumbs
grated pecorino cheese
olive oil
salt
pepper

Wash and dry the tomatoes, cut horizontally and arrange in a baking dish, greased with a little oil. Wash and chop the basil and mint, and put them in a bowl with the parsley and chives. Salt the tomatoes, then spread the chopped herbs, then the cheese, oil, and lastly, the bread crumbs.

Add salt and pepper. Bake at 200 degrees for 20 minutes and stir the pasta directly in the pan cooked "al dente."

These were the simplest recipes.

Mezze penne con i pomodori al forno

C'erano dei giorni in cui neanche la mia mamma aveva tempo da dedicare alla cucina e noi eravamo troppo piccoli o presi dai giochi per darle una mano. Erano i giorni in cui non veniva in mente nulla che potesse evitare di mettersi davanti ai fornelli. Allora tirava fuori dal cassetto la sua agenda segreta con le sue altrettanto segrete ricette. Ce n'era una che sembrava adatta alle emergenze, veloce e fuori dal comune, tipicamente estiva tranne che per l'accensione del forno che arroventava praticamente la casa fino a sera inoltrata.

400 gr. di mezze penne
4 pomodori sodi
prezzemolo tritato
erba cipollina tritata
basilico
menta
mollica di pane grattugiata
formaggio pecorino grattugiato
olio d'oliva
sale
pepe

Lavare e asciugare i pomodori, tagliarli orizzontalmente e disporli in una pirofila, unta con un po' d'olio. Lavare, tritare il basilico e la menta e metterli in una terrina con il prezzemolo, l'erba cipollina. Salare i pomodori, poi distribuire il trito di aromi, poi il pecorino, l'olio e per ultima la mollica di pane grattugiato.

Aggiungere sale e pepe. Infornarli a 200 gradi per 20 minuti e direttamente nella pirofila mescolare la pasta corta cotta al dente.

Queste erano le ricette più semplici.

When I close my eyes and the smells...

Each time I come to New York the first thing that I miss of my Puglia is, of course, cooking. The one genuine thing, almost rustic, but so rich in flavors and fragrances that are hard to forget: the smell of basil, mint and oregano, wild fennel, arugula, rosemary. Even more so, true scent of tomatoes, eggplant and vegetables that is true and simple.

I grew up in a kitchen that every day revealed a bit of history and told me how the dishes were born. I'm a bit removed from the prepackaging of taste that I find outside the home. I was lucky, I often repeat, that I have met people who recounted the gastronomic traditions of my country and as such I got to know a little of its essence. When I started cooking and with the help of my precious mother who told while she was cooking, as dud my grandfather.

In this kitchen it felt like a taste of the past. The simple things typical of peasant customs, poor, natural, yet rich in flavor. The poor food for excellence, broad beans, chick-peas, "cicerchie" (grass peas), chicory, were until a few years ago, the staple food for the less privileged classes, but today, with the revaluation of diet, have become something rare to find in a sophisticated cuisine. For example, the mashed beans are also good served with turnip greens, wild chicory with all the vegetables with a little bitter taste. Among the soups is included soup "beans and chicory" and "married soup," originally from Foggia, with chicory, esca-role and pecorino.

All these flavors were loved by adults and when we kids, we gladly left them preferring dishes like orecchiette with broccoli rabe or meat sauce.

Some vegetables you could not buy, so on Sunday we made the excursion in the typical fields in which my father, armed with a knife, picked up the "cicoriette," the "senapel-li," "sivoni" and "soffioni," typical vegetables that grow wild in the country. He came home with bags overflowing with vegetables and earth and spent whole afternoons cleaning and washing and then boiling or stewing them and used in various ways. If he was lucky he would go for mushrooms and as a true expert was never wrong! Of course a child does not really appreciate the taste of vegetables wild mushrooms, but over time I realized how really good they are.

Quando chiudo gli occhi e gli odori...

Ogni volta che arrivo a New York la prima cosa in asso-luto che mi manca della mia Puglia è, ovviamente, la cucina. Quella schietta, quasi rozza, ma così ricca di aromi e di profumi che è difficile dimenticare: il profumo del basili-co, della menta e dell'origano, del finocchietto selvatico, della rucola, del rosmarino. E più ancora i sapori veri dei pomodori, delle melanzane e delle verdure che sanno di co-se vere e semplici.

Così sono cresciuta con la cucina che ogni giorno ti svela un po' di storia, ti racconta come sono nate le pietanze. E io resto un po' distante di fronte al preconfezionamento dei gusti che poi trovo fuori casa.

Sono stata fortunata mi ripeto spesso, ho conosciuto per-sone che mi hanno raccontato delle tradizioni gastronomi-che della mia terra ed ho potuto conoscere un pizzico della sua essenza quando poi ho iniziato a cucinare, grazie all'aiuto prezioso di mia madre che mentre cucinava rac-contava, come faceva mio nonno.

In questa cucina è come sentire a tavola il gusto del pas-sato, delle cose semplici e genuine tipiche delle usanze con-tadine, povere, naturali, ma ricche di sapori.

I piatti poveri per eccellenza, le fave, i ceci, le cicerchie, le cicorie, rappresentavano fino a non molti anni fa la base dell'alimentazione delle classi meno privilegiate, mentre ai nostri giorni, con la rivalutazione della dieta, sono diventati qualcosa di raro da trovare, una ricercatezza gastronomica. Per esempio la purea di fave è ottima anche servita con le cime di rapa, con la cicoria selvatica e con tutte le verdure di gusto un po' amaro. Tra le minestre figurano la minestra di "fave e cicoria" e la "minestra maritata," originaria di Foggia, con cicoria, scarola e pecorino.

Tutti questi sapori erano adorati dai grandi che invece noi piccoli, molto volentieri, lasciavamo loro prediligendo piatti come le orecchiette con le cime di rapa o il ragù.

Alcune verdure non potevi comprarle, così la domenica facevamo la caratteristica la gita nei campi durante la quale il mio papà, armato di coltello, raccoglieva le "cicoriette," i "senapelli," "sivoni" e "soffioni," verdure tipiche di campagna che crescono spontaneamente. Tornava a casa con sacchetti strabordanti di verdure e terra e passava interi pomeriggi a pulire e lavarle per poi lessarle o stufarle e per conservarle da utilizzarle in vari modi. Se era fortunato riusciva a tornare anche con i funghi e da vero esperto non ha mai sbagliato!

Certo da bambina non apprezzavo molto il sapore sia delle verdure selvatiche che dei funghi, ma col tempo ho capito quanto siano davvero buone.

Cicerchie and Finocchietti

12 oz. cicerchie
3 tomatoes
1 onion
2 cloves garlic
parsley
small bunch of finocchietti (wild fennel)
extra-virgin olive oil
salt

Soak the "cicerchie" for 24 hours. Change the water and bring to a boil combining the wild fennel, garlic, parsley, onion, and tomato fillets. When almost cooked, add salt. Once cooked (2-3 hrs.) serve the soup over slices of toasted bread dressed with olive oil.

Cicerchie e Finocchietti

350 gr cicerchie
3 pomodori
1 cipolla
2 spicchi aglio
prezzemolo
finocchietto selvatico
olio d'oliva extra-vergine
sale

Tenere a bagno le cicerchie per 24 ore. Cambiare l'acqua e portare ad ebollizione unendo il finocchietto, aglio, prezzemolo, cipolla, pomodoro a filetti. A cottura quasi ultimata salare. Terminata la cottura (2-3 ore) servire la zuppa su fette di pane abbrustolito condite con olio crudo.

Fave and chicory

1 cup of dried peeled fava beans
1 large potato
2 lbs wild chicory
extra-virgin olive oil
salt
pepper

Wash the fava beans, rinse under running water and soak in abundant lukewarm water for at least 4-5 hours or overnight. After this time, drain and put in a heavy-bottomed saucepan or better in terra-cotta, potatoes, peeled and cut into cubes and cover with cold water. Put the saucepan on the fire. As soon as it boils, add salt, reduce the heat to minimum and cook for about 1 hour without stirring and until the beans are tender and almost split. Meanwhile, rinse well and boil the chicory in salted water to a boil. Drain it when still "al dente" and keep it warm. When the beans are cooked, season with 3 tablespoons of olive oil and blend them in order to transform them into a puree but not too thick. Spread the mashed hot beans in individual dishes with a side serving of vegetables. Sprinkle beans and chicory with abundant pepper and more olive oil and serve hot. Pass a forkful of chicory into the mashed beans and roll it as if it was spaghetti: the bitter taste of chicory is enriched by the sweet softness of the beans with a really good result.

Fave e Cicoria

250 gr fave secche decorticate
1 patata grande
1 kg. di cicoria selvatica
olio d'oliva extra-vergine
sale
pepe

Si lavano le fave sciacquandole sotto il getto dell'acqua e si mettono a bagno in abbondante acqua tiepida per almeno 4-5 ore o per tutta la notte. Trascorso questo tempo, si scolano e si mettono in una casseruola a fondo pesante o meglio in una di terracotta; unire la patata, sbucciata e tagliata a dadi e coprire di acqua fredda. Mettere la casseruola sul fuoco. Non appena si alza il bollore, salare, abbassare la fiamma al minimo e lasciare cuocere per circa 1 ora senza mai mescolare fino a quando le fave saranno tenerissime e quasi disfatte. Intanto lavare molto bene la cicoria e lessarla in abbondante acqua salata in ebollizione. Scolarla ancora al dente e tenerla in caldo. Quando le fave sono pronte, condirle con 3 cucchiai d'olio e frullarle, in modo da trasformarle in una purea che dovrà essere non troppo densa. Distribuire la purea caldissima nei singoli piatti con accanto una porzione di verdura. Insaporire fave e cicoria con un'abbondante macinata di pepe e con altro olio e servite caldissimo. Si passa una forchettata di cicoria dentro la purea di fave e si arrotola come fossero spaghetti: il gusto amaro della cicoria si arricchisce della dolce pastosità delle fave con un risultato veramente ottimo.

Chicory Soup

1 lb chicory
1 stalk of celery
1 onion
4 tomatoes
1 ham bone or bacon
salt
pepper
1/4 lb grated pecorino

Clean and wash the chicory. Clean the celery and cut into pieces then cut the onion and tomatoes into slices.

In a saucepan put the celery, onion, tomatoes and ham bone.

Cover with water and cook for about 1 hour. In another pan boil the chicory.

Drain, squeeze it well and put it back in casserole, sprinkle with pepper, grated pecorino, salt and pour the broth made from the ham bone.

Bring to the boil and simmer a few minutes. Serve the other pecorino cheese.

Minestra di Cicoria

300 gr. di cicoria di campagna
1 gambo di sedano
1 cipolla
4 pomodori
1 osso di prosciutto o pancetta
sale
pepe
pecorino grattugiato

Mondare e lavare bene la cicoria. Pulire il gambo di sedano e tagliarlo a pezzetti, tagliare a spicchi la cipolla e i pomodori.

In una casseruola mettere il sedano, la cipolla, i pomodori e l'osso di prosciutto.

Coprire con abbondante acqua e lasciar cuocere per 1 ora ca. In un'altra casseruola lessare la cicoria.

Scolarla, strizzarla bene e rimetterla in casseruola, cospargerla di pecorino grattugiato, salarla, peparla e versarci sopra il brodo ricavato dall'osso di prosciutto.

Portare al punto di ebollizione e lasciar cuocere un paio di minuti. Servire a parte dell'altro pecorino grattugiato.

Minestra di fave

1 kg. di fave fresche
100 gr. di ventresca
50 gr. di lardo
1 cipolla
1 ciuffo di prezzemolo
100 ml di olio extravergine d'oliva
sale
pepe

In una casseruola soffriggere la cipolla, la ventresca a lista-relle e il lardo tagliato a dadini. Versare le fave e allungare con acqua fino a coprirle a filo. A metà cottura aggiungere il prezzemolo, il sale e il pepe.

Fava bean soup

2 lb fresh fava beans
4 oz. of white tuna underbelly
2 oz. of lard
1 onion
1 bunch of parsley
½ cup extra virgin olive oil
Salt
Pepper

In a saucepan fry lightly the onion, the underbelly cut into strips and the bacon cut into small cubes. Pour the beans and dilute with water to cover. Halfway through cooking add parsley, salt and pepper.

Chicory with beans

1 lb cannellini beans
2 lb of wild chicory
3 cloves of garlic
2 tablespoons extra virgin olive oil
2 chili peppers
Salt

Cook the beans in a classic terracotta baking dish with garlic and salt.

Boil the vegetables and then toss in a pan with garlic, olive oil and pepper.

Serve along with a drizzle of olive oil.

Cicoriette con fagioli

500 gr. di fagioli cannellini
1 kg. di cicoriette di campo
3 spicchi d'aglio
2 cucchiai di olio extravergine d'oliva
2 peperoncini
sale

Far cuocere i fagioli nella classica teglia di terracotta con aglio e sale.

Lessare e poi saltare le verdure in padella con aglio, olio e peperoncino.

Servire insieme con un filo di olio a crudo.

Mushrooms with tomatoes and liver

1 and 1/2 lb portobello mushrooms or other fine
4 tomatoes peeled
1/2 cup extra virgin olive oil
1 lb calf liver
2 cloves of garlic
chopped parsley
salt
pepper

Sauté the clean mushrooms with the garlic in hot oil for ten minutes then add the chopped tomatoes. Cook over moderate heat. When the mushrooms are almost ready, add the liver pieces and mix well, add salt and pepper and cook for another ten minutes.

Funghi con pomodori e fegato

800 gr. di porcini o altri funghi pregiati
4 pomodori pelati
60 ml di olio extravergine d'oliva
300 gr. di fegato di vitello
2 spicchi d'aglio
prezzemolo tritato
sale
pepe

Soffriggere i funghi puliti nell'olio caldo con l'aglio per die-ci minuti, aggiungere i pomodori tagliati a pezzi. Cucinare a fuoco moderato quando i funghi sono quasi pronti aggiungere il fegato a pezzi e mescolare bene, aggiungere il sale ed il pepe e far cuocere per altri dieci minuti.

Minestrone Pugliese

1 onion
1 carrot
1 head cabbage
1 stalk of celery
1/4 lb chicory
3 oz of green beans
5 ripe tomatoes
1 bunch of parsley
½ cup oil
salt
pepper
2 oz of pork rinds
5 oz short pasta

Cut thin strips of pork rinds, wash the vegetables, and cut the cabbage into strips after removing the core. Slice the onion, celery and tomatoes. Mince the parsley and carrot. Put the pork rind in a saucepan with a little water and cook at least one hour.

When they are cooked, add oil and onion. When it is brown combine tomatoes, parsley and carrots.

Stir, add salt and pepper. Cook for about half an hour.

Combine the cabbage, chicory and fresh green beans.

Stir, add 1 liter of water, bring to boil and simmer 20 minutes.

Pour the pasta when it cooked and remove from heat.

Minestrone Pugliese

1 cipolla
1 carota
1 cavolo cappuccio
1 gambo di sedano
100 gr. di cicoria
80 gr. di fagiolini
5 pomodori maturi
1 ciuffo di prezzemolo
½ bicchiere di olio
sale
pepe
60 gr. di cotenne di maiale
150 gr. di pasta corta

Tagliare a striscioline le cotenne di maiale, lavare le verdure, tagliare a strisce il cavolo dopo aver eliminato il torsolo. Affettare la cipolla, il sedano e i pomodori. Tritare il prezzemolo e la carota. Mettere in una casseruola le cotenne con un po' d'acqua e lasciarle cuocere almeno un'ora.

Quando sono cotte unire l'olio e la cipolla, quando questa imbiondisce unire i pomodori, il prezzemolo e la carota.

Mescolare, salare e pepare. Lasciar cuocere per circa mezz' ora.

Unire il cavolo cappuccio, la cicoria e i fagiolini freschi.

Mescolare, aggiungere 1 litro di acqua, portare ad ebollizione e lasciar cuocere 20 minuti.

Versare la pasta e ritirare dal fuoco a cottura ultimata.

Soup Potato and zucchini and eggplant *(my Dad's recipe)*

2 zucchini per person
2 potatoes per person
1 eggplant every two people
1 pomodoro for sauce
Onion
Oil
Parsley
Basil
Salt

Wash the vegetables. Chop the onion, parsley, basil and add the chopped tomatoes seasoned with olive oil and a teaspoon of salt.

When the tomatoes are liquefied first add together the onion, diced melazana and after five minutes the zucchini and then after another 5 minutes without stirring the potato. Close with a lid and cook over low heat for 5 minutes. When the cover begins to jump, and turning with a wooden spoon, raise 'the flame a little and cook for 5 more minutes. Then add a glass of water and more salt and cook for another 5 minutes. Serve hot with croutons.

Minestra di Patate e zucchine e melanzana (la ricetta di papà)

2 zucchine per ogni persona
2 patate per ogni persona
1 melanzana ogni due persone
cipolla
olio
prezzemolo
basilico
1 pomodoro da sugo
sale

Lavare le verdure. Preparare un trito di cipolla, prezzemolo, basilico unire il pomodoro a pezzetti condire con olio e un cucchiaino di sale.

Quando il pomodoro si disfa insieme alla cipolla aggiungere per prima la melazana tagliata a dadini, dopo 5 minuti le zucchine e poi dopo altri 5 minuti la patata senza girare mai; chiudere col coperchio e a fiamma bassa cuocere per 5 minuti. Quando il coperchio saltella, girare con un cucchiaio di legno, alzare un po' la fiamma cucinare ancora 5 minuti e poi aggiungere un bicchiere di acqua e poi altro sale fino e cucinare per altri 5 minuti. Servire calda con crostini di pane.

Lampascioni

1½ lb wild onions
4 eggs
3 oz pecorino cheese from Puglia
extra-virgin olive oil
salt
white pepper
1 handful of white flour

Specialties of the Apulian Murgia. Clean and peel the wild onions and cut a cross cut at the base after removing the root. Cook them in salted water for 3/4 of an hour and drain. Flour them and fry them in oil that is hot but not smoking. When they have browned, reduce the heat and pour the beaten eggs into the pan with cheese, salt and pepper.

Continue cooking for a few minutes, stirring once or twice and remove from heat before the eggs are completely coagulated. Serve immediately.

Lampascioni

600 gr lampascioni
4 uova
80 gr formaggio pecorino pugliese
olio d'oliva extra-vergine
sale
pepe bianco
1 manciata di farina bianca

Specialità pugliese delle Murge. Pulire, sbucciare i lampascioni e praticare un taglio a croce alla base dopo aver asportato la radice. Cuocerli in acqua salata per 3/4 d'ora e scolarli. Infarinarli e friggerli nell'olio ben caldo ma non fumante. Quando hanno preso colore abbassare la fiamma e versare nella padella le uova sbattute con formaggio, sale e pepe macinato. Continuare la cottura per pochi minuti, mescolando una o due volte e togliere dal fuoco prima che le uova siano del tutto rapprese. Servire subito.

Lampascioni (cippuddhizzi) with potatoes in a pan

10 oz potatoes
10 oz of wild onions
1 red pepper
2 tablespoons of olive oil
Salt

Peel the potatoes cut into wedges.
Wash the wild onions and remove the outer sheath and roots.
Heat the oil and cook the potatoes together with wild onions.
Towards the end of cooking, add salt and pepper.

Lampascioni (cippuddhizzi) con le patate in padella

300 gr. di patate
300 gr. di lampascioni
1 peperoncino
20 ml di olio di oliva
sale

Pelare a tagliare le patate a spicchi.
Lavare i lampascioni e togliere la guaina esterna e le radici.
Scaldare l'olio e stufare insieme le patate con i lampascioni.
Verso la fine della cottura aggiungere il sale e il peperoncino.

The Pancotto

There is a very special dish that comes from the Gargano, and is so ancient that it tells the children that "this bread soup made baby Jesus grow." The goodness of this soup is also due to the large variety of herbs used in the preparation, not only the wild chicory, but also other wildlife typical of the area, such as borage, lamb's lettuce, the "cascigno," the "spacca-pietre," "caccialepre," the "cicorione."

2 lb of wild chicory
celery leaves
7 oz of wild fennel
2 cloves of garlic
2 tomatoes
4 medium potatoes
salt
3 liters of water
10 oz of stale bread
olive oil

Clean and wash the vegetables. Peel the potatoes and cut into thick slices. Clean the garlic, wash the tomatoes and remove seeds. In saucepan put water, potatoes, whole garlic, tomatoes and salt.

When it boils, add the other vegetables and cook. Cut the bread into large pieces and, without boiling, put them in the pot, leaving it for two min. Drain with the help of a slotted spoon being careful not to crush the bread. Drain well. Spread on plates and serve with plenty of oil.

Il Pancotto

C'è un piatto molto particolare che viene dal Gargano, ed è così antico che si racconta ai bambini che "con il pancotto s'è fatto grande Gesù bambino." La bontà di questo piatto minestra è data anche dalla grande varietà di erbe usate nella preparazione: non solo la cicoria selvatica, ma anche altre specie selvatiche tipiche della zona, come la borragine, la lattughella, il cascigno, lo spacca-pietra, il caccialepre, il cicorione.

1 kg di cicoria selvatica
foglie di sedano
200 gr di finocchietti selvatici
2 spicchi d'aglio
2 pomodori
4 patate di media grandezza
sale
3 litri d'acqua
300 gr di pane casereccio raffermo
olio di oliva

Pulire e lavare le verdure in più acque. Sbucciare le patate e tagliarle a grosse fette. Pulire l'aglio, lavare i pomodori e privarli dei semi. Nella pentola mettere l'acqua, le patate, l'aglio intero, i pomodori e il sale.

Quando bolle aggiungere le altre verdure e cuocere. Tagliare il pane a grossi pezzi e, mantenendo il bollore, metterlo nella pentola, lasciandovelo per 2 min. Scolare il tutto, aiutandosi con la schiumarola e facendo attenzione a non spappolare il pane e a sgocciolare bene. Distribuire nei piatti e condire con abbondante olio.

SOMETHING GENUINE

In the Apulian cuisine something that strikes us and, which differs from other dietary habits: the genuine desire to soak the bread in sauces and in the various condiments in kitchen. This land through its wealth is able to offer that which is enriched by the diversity and the number of recipes. Bread and pasta are the two elements that are used in traditional sauces and delicious concoctions. The sauce highlights the importance of extra virgin olive oil, tomatoes, aromas, fish and meat. But everything is not by chance. Each recipe is a ritual that is followed up carefully to the presentation at the table. And this ritual in the kitchen of "Misery" passes through the three major geographical areas of Puglia. The sauce, the meat sauce, becomes the delicacy of Sunday. The children loved the food; it was tasty and nutritious. In these dishes, over the pasta, we were allowed to soak the bread until we got red marks on our faces. It was the menu for Sunday, the feasts, and these elaborate and rich dishes that sometimes took hours of preparation. But the real star was the homemade pasta: orecchiette (recchietelle), lagane trie, laganelle, fusilli, dragged, Troccoli, chianchiarelle, mignuicchie, pociacche, fenescecche. What could not be forgotten, however, was the bread that is still made into wheels that may weigh nearly eight pounds!

QUALCOSA DI GENUINO

Nella cucina pugliese c'è qualcosa che colpisce, che differenzia dalle altre abitudini alimentari: quella vera e propria voglia di inzuppare il pane nel sugo, nei sughi, nei vari condimenti che questa cucina, questa terra attraverso le sue ricchezze è capace di offrire che si arricchisce grazie alla diversità ed alla quantità di ricette. Il pane e la pasta sono nella cucina tradizionale due elementi che inseguono sughi e gustosissimi intrugli. Il condimento assume così importanza esaltando l'olio di oliva extra vergine, i pomodori, gli odori tipici, il pesce e la carne. Tutto però non viene mescolato per caso, ogni ricetta è un rito che sapientemente viene seguito fino alla presentazione a tavola. E questo rituale della cucina della "Miseria" passa attraverso le tre grandi zone geografiche della Puglia. Il sugo, il ragù diventano la prelibatezza della domenica, la cucina amata dai bambini, gustosa e nutriente. In quei piatti, finita la pasta, ci era permesso inzuppare il pane fino a farci rimanere i segni rossi sul viso. Era il menù della domenica, delle feste, di piatti ricchi ed elaborati che a volte richiedevano ore di preparazione. La vera protagonista però era la pasta fatta a mano: orecchiette (recchietelle), lagane, trie, laganelle, fusilli, strascinati, troccoli, chianchiarelle, mignuicchie, pociacche, fenescecche. E non poteva mancare però anche il pane che ancora oggi si sforna in ruote che possono pesare anche 3 kg!

Ciceri and Trie

10 oz chickpeas
1 onion
1 bay leaf
chilli
5 tablespoons olive oil
salt

For the dough:
2 cups of wheat flour
Water

Soak the beans the day before and then boil them in water with bay leaves (you add the salt only after cooking).

For the handmade Trie with flour and water prepare a sheet, thin or thick. Roll it on itself before it dries then cut out laganelle (trie) of about 3-4 mm in width. Allow to dry. Cook the trie al dente in salted water, drain them and add them to the chickpeas. Season with a fried oil, pepper and onion, thinly sliced and a small part of trie previously roasted in hot oil.

Ciceri e Trie

300 gr ceci
1 cipolla
1 foglia alloro
Peperoncino
5 cucchiai olio d'oliva
sale
Per la pasta:
250 gr farina di grano duro
acqua

Mettere a bagno i ceci il giorno prima quindi lessarli in acqua con l'alloro (si mette il sale solo a fine cottura).

Con acqua e farina preparare una sfoglia né sottile né spessa. Arrotolarla su se stessa prima che asciughi, quindi ritagliarne laganelle (trie) di circa 3-4 mm di larghezza. Farle asciugare. Lessare al dente le trie in abbondante acqua salata, scolarle e unirle ai ceci. Condire con un soffritto di olio, peperoncino e cipolla affettata sottilmente e una piccola parte di trie abbrustolite precedentemente nell'olio bollente.

Bread Pugliese

10 lb flour type 1
10 lb flour of reground hard wheat
1/4 lb compressed yeast
1/2 cup of wine vinegar (diluted in water - ratio 1/5)
1 cup salt
8 lb water

The Typical bread of Puglia, large in size, in many respects, is similar to the so-called "country bread." The Pugliese is a type of bread that, when sliced, tastes better after a short "aging" of a day. Mix the flour dough and reground hard wheat knead dry. Add 4 liters of water and start kneading. After mixing well add in order: 1 quart of salted water, diluted vinegar, baking soda and yeast dissolved and broken down in water the duration of the mix varies from 6 minutes (spun) to 25 (cradled). The dough must rest, covered with a towel, for 25-30 minutes. Cut the dough into parts of 1100 g; roll the pieces, put them upside down on boards with a cloth dusted with flour or reground. Let rise for 30-35 minutes, cut the bread in circles. Bake without humidity. After 15 minutes open the flues and continue for another 25-30 minutes of cooking.

Pane Pugliese

5 kg farina tipo 1
5 kg rimacinato di grano duro
250 gr lievito compresso
150 gr aceto di vino (diluito in acqua - rapporto 1/5)
200 gr sale
750 cl acqua

Pane tipico della Puglia, di grossa pezzatura (fino a 3 chilogrammi) è, per molti aspetti, assimilabile al cosiddetto "country bread" o pane di campagna. Il pugliese è un tipo di pane che, una volta affettato, si gusta di più dopo un breve "invecchiamento" di un giorno. Mettere nell'impastatrice la farina e il rimacinato; far fare qualche giro a secco. Aggiungere 4 litri d'acqua e iniziare l'impastamento; dopo aver amalgamato per bene aggiungere nell'ordine: 1 litro d'acqua salata, l'aceto diluito, il lievito stemperato e sciolto in acqua. La durata dell'impasto varia dai 6 minuti (spirale) ai 25 (forcella). L'impasto deve quindi riposare, coperto da un telo, per 25-30 minuti. Tagliare l'impasto in parti da 1100 g; arrotolare i pezzi, metterli in posizione rovesciata su assi con teli spolverati di farina integrale o di rimacinato. Far lievitare per 30-35 minuti, incidere i pani in tondo. Infornare senza dare umidità. Dopo 15 minuti aprire le valvole di scarico e proseguire per altri 25-30 minuti di cottura.

Taralli Pugliesi

1 lb flour
1/2 oz yeast dissolved in water
1 tablespoon of olive oil
1 tablespoon white wine
9 tablespoons water
1 tablespoon salt
seeds of fennel (or anise)
parsley
finely chopped chives
garlic
oregano
cheese

Mix all the ingredients to form a ball. Let stand for 1/2 hour and then begin making tarallini, let them rise for 20 minutes and put them in boiling water until they float and then drain them and put them in an oiled baking sheet and bake at 180 ° for about 25 minutes.

Taralli Pugliesi

500 gr farina
20 gr lievito di birra sciolto in acqua
10 cl olio d'oliva
10 cl vino bianco
9 cucchiai acqua
10 gr sale fino
semi di finocchio (o anice)
prezzemolo
cipollina tagliata molto finemente
aglio
origano
formaggio

Impastare tutti gli ingredienti formando una palla. Lasciare riposare per 1/2 ora e poi cominciare a fare i tarallini, farli lievitare per 20 minuti e metterli in acqua bollente fino a che non vengono a galla quindi scolarli e metterli in una placca da forno unta d'olio e infornarli a 180° per circa 25 minuti.

Homemade Orecchiette

The "orecchiette" or "strascinati" are also called "recchièted-de" strascenate" in Bari (which are prepared very small and dragged on a board with the index finger); "chiangarelle" in Taranto, "stacchiodde" in Brindisi. In Fasano they are made with only flour and wheat and are more broad and flat. They are cooked with cauliflower, broccoli, or "cime di ra-pe." The "ears" normally have a diameter of about cm. 2.5 / 3. After they are all prepared they are left to air-dry. Authentic traditional Apulians boil and seasons them with sun-dried tomato sauce prepared with olive oil, crushed red chili pepper and oregano and sprinkled with ricotta-cheese toasts that are obtained from milk of goats or sheep, or even both. They can be seasoned with "turnip" or ragout of lamb, but there are lots of recipes renowned for presenting the orecchiette to the table. The flavor is well known especially the one with the horse meat sauce.

Orecchiette

1 lb of semolina (durum wheat)
1 lb of white flour
1 tablespoon salt

Mix the flour with lukewarm salted water until forming a paste the consistency of the bread. Work the dough very well, and then from time to time form two-inch thick cylinders and about 30/40 cm long. After the first roll form a second, but do not prepare them all together because the dough will dry out too much.

Cut the roll of dough into small pieces and simultaneously with the tip of the knife drag the dough on a pastry board getting a "cavatieddo." Take the "cavatieddo" and turn it inside out with the thumb: this how to form become a "priest's hat" with the outside rough, due to strascinamento on the table, and a slight edge all around.

Orecchiette fatte a mano

Le "orecchiette" o "strascinati" si chiamano "recchiètedde o strascenàte" a Bari (dove vengono preparate molto piccole e strascinate sulla madia con il dito indice); "chiangarelle" a Taranto; "stacchiodde" a Brindisi. A Fasano vengono fatte con sola farina di grano e sono più larghe e piatte, le cucinano con il cavolfiore, cioè il broccolo, o con cime di rapa.

Le "orecchiette" normali hanno un diametro di circa cm. 2,5/3. Dopo averle tutte preparate lasciarle all'aria ad asciugare. L'autentica tradizione pugliese le vuole lessate ed insaporite con conserva di pomodoro seccata al sole preparata con olio d'oliva, peperoncino rosso piccante macinato ed origano e cosparse di ricotta-tosta cioè ricotta ottenuta con latte di capra o di pecora, o anche con tutte e due le qualità. Ma possono essere condite con le cime di rape o al ragù di agnello, ma esistono tantissime altre ricette rinomate per presentare le orecchiette in tavola, ma la più conosciuta e saporita è sicuramente quella con il ragù di carne di cavallo.

Orecchiette

500 gr di semola (di grano duro)
500 gr di farina bianca
sale

Impastare la farina con acqua tiepida salata, sino ad ottenere una pasta della consistenza di quella del pane. Lavorare molto bene la pasta, poi formare di volta in volta dei cilindretti di due centimetri di spessore, lunghi circa 30/40 cm. Terminato il primo rotolino farne un secondo, ma non prepararli tutti insieme perché la pasta si asciugherebbe troppo.

Dal rotolo si tagliano dei pezzettini di pasta e contemporaneamente con la punta del coltello si striscia la pasta sulla spianatoia ottenendo un "cavatieddo." Si prende il "cavatieddo" e lo si rovescia bene sul dito pollice: diventerà come un "cappello da prete" con la parte esterna rugosa, dovuta allo strascinamento sul tavolo, e un leggero orlo tutt'attorno.

Horse Meat Sauce with Rolls

He bought the meat with little money for a lame horse, and was preparing a sauce...

4 large slices of horse meat
4 slices of bacon
Pecorino cheese
Garlic
Parsley
Pepper
Salt
1 onion
Oil
Red wine
Tomato sauce

On the table put the slices of meat and beat with a meat mallet.

On each one add slices of bacon, chopped cheese, a few leaves of parsley, a bit of clove garlic, pepper and salt.

Roll up the slices of meat and tie with cotton thread.

In a pan fry the sliced onion in oil along with the rolls and when they are browned, add ½ cup of red wine and tomato sauce.

Leave to cook the sauce for two hours. When it is ready dress with homemade orecchiette.

Ragù con Involtini di Cavallo
(ragù delle fredde domeniche di festa)

Si comprava con pochi soldi la carne di un cavallo azzoppato e si preparava un ragù...

4 grosse fette di carne di cavallo
4 fettine di ventresca
formaggio pecorino
aglio
prezzemolo
pepe
sale
1 cipolla
olio
vino rosso
salsa di pomodoro

Sulla tavola di mettono le fette di carne e si battono con il batticarne.

Su ognuna di esse si dispongono le fettine di ventresca, i pezzetti di pecorino, qualche fogliolina di prezzemolo, un pezzetto di spicchio d aglio, il pepe e il sale.

Si arrotolano le fette di carne e si legano con il filo di cotone.

In un tegame rosolare nell'olio la cipolla tagliata a fette insieme agli involtini; quando sono rosolati aggiungere ½ bicchiere di vino rosso e la salsa di pomodoro. Si lascia cucinare il ragù per due ore.

Quando è pronto si condiscono le orecchiette fatte in casa.

Apulian Orecchiette With Bacon And Green Cabbage

13 oz orecchiette
1 lb of green cauliflower florets
4 oz bacon
plenty of grated pecorino cheese
1 ground pepper
Salt

Wash the cauliflower florets and boil in salted water. When half cooked, add the orecchiette and cook together. Separately fry lightly the diced bacon, without browning, over low heat. Drain pasta and florets together, pour into a bowl, combine the bacon, freshly ground pepper and grated pecorino. Stir and serve immediately.

Orecchiette Pugliesi con lardo e cavolo verde

400 gr pasta tipo orecchiette
1 kg cimette di cavolfiore verde
120 gr lardo
abbondante formaggio pecorino grattugiato
1 macinata pepe
Sale

Lavare le cimette di cavolfiore e lessarle in abbondante acqua salata. A metà cottura unire le orecchiette e cuocerle insieme. A parte soffriggere il lardo a dadini, senza rosolarlo, a fuoco basso. Scolare insieme pasta e cimette, versarle in una zuppiera, unire il lardo, una macinata di pepe e abbondante pecorino. Mescolare e servire subito.

Orecchiette with "Cime di rapa"

4 lb Broccoli rape
13 oz orecchiette
4 salted anchovies
garlic
extra virgin olive oil
chilli
salt

Clean the broccoli leaving only the tender leaves and cook in salted water.

Half cooked, add the orecchiette. In a separate pan lightly fry oil, anchovies, garlic and chili.

Drain the orecchiette and turnips; season the sauce with broccoli and anchovies.

Orecchiette alle Cime di Rapa

2 kg Cime di rapa
400 gr orecchiette
4 alici salate
aglio
olio extra vergine di oliva
peperoncino
sale

Pulire le cime di rapa lasciando solo le foglie più tenere e cuocere in acqua salata.

A metà cottura unire le orecchiette.

In un tegame a parte soffriggere l'olio, le alici, l'aglio e il peperoncino.

Scolare le orecchiette con le rape, condire con la salsa di broccoli e alici.

Focaccia And So On

On Sunday, during holidays or special occasions, cooking became a real job especially with the presence of large families. Usually we tell the children the program of the day and everyone has a very specific task. Who weighed the flour, who washed and cut the tomatoes, some bathed olives in salt, etc. It was a party, a general mess in that place where virtually all domestic life took place from morning breakfast to the evening fireside chats and especially the friendly rite of lunch and dinner.

Everyone was there watching Mamma kneading, everyone trying to steal pieces to create forms that are then put in a corner of the cake pan in hot oil or to be finished with the turnovers or pettole.

The "focaccia" is the typical "pizza" pugliese seasoned simply with tomatoes and olives.

The pettole and panzerotti are more difficult because they are fried. While turnovers are prepared especially on Saturday evening, pettole were rather a ritual on the eve of the Immaculate Conception, Christmas Eve or Holy Friday; days on which you miss lunch and to temper hunger tasty pettole triumphed on the table along with a glass of wine and cheese.

When it was possible to take a walk in the old town, it was likely in that hour that passed one could smell unique and inviting frying. Following the smell you would arrive in front of benches with big smoldering pans where they fried "sgagliozze" and "pòpizze."

There are dishes in the ancient tradition of Bari. In particular, it is unusual for sgagliozze, (using the corn meal that is cooked, cured, and made, sliced, fried in hot oil), to get a tasty fried food strictly hot. Today this tradition continues and is enriched with pòpizze, savory pancakes, round, and soft inside and crispy outside. The pòpizze, better known by the name of pettole, is poor food and delicious and made with a dough of flour rather slow, carefully dipping a spoon into pans as they are about to plunge into boiling oil and enriched by adding a piece of anchovy or a black olive. These walks with bag in hand, were magical places, and are among the best memories of my city.

FOCACCIA E VIA DICENDO

La domenica, durante le feste o le occasioni speciali cucinare diventava un vero e proprio lavoro soprattutto per la presenza di famiglie numerose. Di solito si raccontava ai bambini il programma della giornata ed ognuno aveva un compito ben preciso. Chi pesava la farina, chi lavava e tagliava i pomodori, chi lavava le olive sotto sale, ecc.

Era una festa, un pasticciare generale in quell'ambiente in cui si svolgeva praticamente tutta la vita domestica dalla colazione del mattino alle chiacchierate la sera davanti al fuoco e soprattutto del conviviale rito del pranzo e della cena.

Tutti erano li a guardare la mamma che impastava, tutti a rubare pezzetti di massa per creare le forme che poi si infornavano in un angolo della teglia della focaccia o finivano nell'olio bollente insieme ai panzerotti o le pettole.

La focaccia è la tipica "pizza" pugliese condita in maniera semplice con pomodori e olive.

Le pettole e i panzerotti sono invece più difficili poiché sono fritti. Mentre i panzerotti si preparavano soprattutto il sabato sera, le pettole erano invece un rito della vigilia dell'Imma-colata, alla Vigilia di Natale o il Venerdì Santo giorni in cui si salta il pranzo e per tamponare la fame le gustose pettole trionfavano in tavola insieme ad un bicchiere di vino e formaggio stagionato.

Quando era possibile fare una passeggiata nella città vecchia c'era la probabilità di capitare nell'ora in cui sotto il naso ti passava odore di frittura unico ed invitante. Seguendo quell'odore si arrivava davanti a banchi con grandi padelloni fumanti dove si friggevano "sgagliozze" e "pòpizze."

Sono pietanze antichissime nella tradizione barese. In particolare per le sgagliozze è inusuale, si usa la farina di polenta che viene cucinata, fatta indurire e, tagliata a fettine, viene fritta nell'olio bollente, ottenendo una gustosa frittura da mangiare rigorosamente calda. Oggi questa tradizione continua e si è arricchita con le pòpizze, gustose frittelle rotonde, morbide dentro e croccanti fuori. Le pòpizze sono più conosciute con il nome di pettole, cibo povero e prelibato realizzato con un impasto di farina piuttosto lento, sapientemente immerso a cucchiaiate in padelle che mentre

103

si stanno per immergere nell'olio bollente di arricchiscono aggiungendo un pezzo di alice o un'oliva nera. Quel passeggiare col cartoccio in mano, in luoghi magici, sono tra i ricordi più belli della mia città.

Panzerotti

1 lb of flour
1 tablespoon of salt
1 packet of yeast from 25 gr
4 tablespoons of oil
8 oz of mozzarella cheese
2 oz Parmesan
1 lb peeled tomatoes
oil for frying

Mix the flour with 4 tablespoons olive oil salt and yeast with warm water. Knead the dough until the dough is elastic and smooth.

Cover the dough with a towel and let stand for 30 min. Roll out the dough and cut into discs of approx. 8 cm in diameter. Cut the mozzarella and peeled tomatoes into small pieces and place them drain in a colander with salt, oregano, pepper and Parmesan.

Put the mixture of mozzarella and tomato on the surface of each disc, leaving an outer edge. Close the panzerotti in a semicircle and finger tighten the closure so that during cooking the stuffing does not come out.

Prepare the pan fried with plenty of oil and when it is hot, fry the panzerotti.

Let them drain on a paper towel and serve hot.

In Bari the very popular ones are with ricotta forte and are very spicy.

Panzerotti

500 gr di farina
1 cucchiaio di sale
1 panetto di lievito di birra da 25 gr.
4 cucchiai di olio
200 gr di mozzarella
Pomodori pelati
olio per friggere

Impastare la farina con 4 cucchiai di olio il sale e il lievito con acqua tiepida. Lavorare la pasta fino ad ottenere un impasto elastico e consistente.

Coprire la pasta con un tovagliolo e lasciar riposare per 30 min. Stendere la pasta e ricavarne dei dischi di 8 cm ca. di diametro. Tagliare la mozzarella a pezzettini e pomodoro pelato e metterli sgocciolare in un colino conditi con sale, origano, pepe e parmigiano.

Mettere il miscuglio di mozzarella e pomodoro sulla superficie di ogni disco, lasciando un bordo esterno. Chiudere i panzerotti a semicerchio, stringere con le dita la chiusura in modo che durante la cottura il ripieno non esca.

Preparare la padella dei fritti con abbondante olio e, quando è bollente, friggervi i panzarotti.

Lasciarli sgocciolare su un foglio di carta assorbente e servire caldissimi.

Nel barese sono molto apprezzati quelli con la ricotta forte molto piccante.

Focaccia

1 lb flour
1 small potato, boiled
extra virgin olive oil
1 oz brewer's yeast
warm water
salt
tomatoes
garlic
oil
salt
oregano

Mix the flour with the mashed potato, a tablespoon of salt, a tablespoon of extra virgin olive oil and the yeast and mix with warm water until the dough is smooth and elastic.

Let it rise under a warm towel for an hour.

Grease a baking pan with oil and lay on the dough.

Cut the tomatoes in half and put them on the dough by crushing out the juice.

Season with salt, oregano and garlic and cut small pieces lengthwise. Bake in hot oven for about ½ hour.

Focaccia

Farina 500gr.
1 patata piccola lessata
Olio extra vergine di oliva
Lievito di birra
Acqua tiepida
Sale

Condimento: pomodorini, aglio, olio, sale e origano Impastare la farina con la patata schiacciata, un cucchiaio di sale, un cucchiaio di olio extravergine di oliva e il lievito di birra mescolando con acqua tiepida fino ad ottenere un impasto morbido ed elastico.

Lasciate lievitare sotto le coperte calde per un'ora circa.

Ungere una teglia di olio e stendervi l'impasto.

Tagliare i pomodorini a metà e metterli sull'impasto schiacciandoli facendo uscire il sugo.

Condire con sale, olio e origano e piccoli pezzi di aglio tagliati per il lungo.

Infornare nel forno caldo per circa ½ ora.

Pettole

2 lb of flour
3 teaspoons of salt
1 cube of yeast
1 small glass of warm milk
2 cups of warm water
oil for frying

Put the flour in the kneading board, add three teaspoons of salt, yeast, and work the dough with warm water. Now add the milk. It will be a soft sticky dough. Place in a big tall bowl and let rise for 1 ½ hours.

Put the oil in a frying pan on the fire and when it is ready, with the help of two spoons, get the balls from the dough and add an olive or an anchovy and then fry in hot oil. The expert housewives pull the dough with their hands soft and stringy and "on the fly" the fit in the anchovy or olive before dropping them into boiling oil. They are eaten very hot so much so that they burn your tongue.

Pettole

1Kg di farina 00
3 cucchiaini colmi di sale fino
1 cubetto di lievito di birra
1 bicchiere scarso di latte tiepido
500 ml circa di acqua tiepida
olio per friggere

Mettere la farina a fontana sulla madia, aggiungere tre cucchiaini colmi di sale, il lievito di birra e lavorare l'impasto con acqua tiepida. A questo punto aggiungere il latte. Risulterà un impasto appiccicoso e morbidissimo. Ponetelo in una terrina grande e alte e lasciate lievitare per 1 ora e mezza.

Mettere l'olio in una padella per la frittura sul fuoco e quando è pronto con l'aiuto di due cucchiai ricavare delle palline dalla pasta e aggiungere o un'alice o un'oliva poi friggerle nell'olio bollente. Le massaie esperte tirano con le mani l'impasto molle e filante ed "al volo" inseriscono l'alice o l'oliva prima di farle cadere nell'olio bollente. Si mangiano caldissime tanto da scottarsi la lingua.

Onion Calzone

This is a true deliciousness. It's a typical dish that was created for the season of Lent during which strict fasting was followed as a small sacrifice. They prepared the "calzone di cipolle," which not having meat, were perfect for the religious fast. The peculiarity was that they kept for many days and then went into pans and prepared in quantity from oven. The week before Easter in front of the furnace of endless lines of housewives formed who kept their mind on those aluminum trays containing the typical "calzoni."

The preparation was, however, really long and was hardwork primarily for the selection and weeding of sponzali, the famous and long tasty onions.

2 lbs of long onions (spring onions)
or common golden onions.
1 lb flour 00
1/2 cup of extra virgin olive oil for the dough
another extra-virgin olive oil to grease the calzone
water
1 glass of white wine
8 oz black olives
4 oz grated cheese (Parmesan or pecorino)
salt and pepper
tomatoes
anchovies

Dissolve a tablespoon of salt in a little warm water. Add a dimple of water and oil to the flour (less than a finger glass). Knead (must have the appearance of bread dough) and let stand for 30 minutes.

Clean the onions and slice lengthwise. Put them in a pan and cook with medium heat in 2 cups of water for about 30 min.

Halfway through cooking add 1 glass of wine with a little oil, salt and pepper.

When the mashed onions and the sauce have thickened, turn off the heat.

Let them cool, then add half the cheese, black olives, anchovies, tomatoes and continue cooking.

Form the dough into two disks. Grease a baking sheet. Arrange the first disc of dough and the filling, compacting it with a fork. Add a little olive oil and remaining cheese. Close the calzone with the second disk of dough and prick the surface with a fork. Add plenty of oil. Put the pan in a preheated oven at 200 ° C for 50 min. with the heat coming only from below. It's ready when the surface of the onion calzone is golden brown.

Calzone di cipolle alla pugliese

Questa è una vera prelibatezza. E' una tipica pietanza che nasce per il periodo della Quaresima durante la quale si seguivano rigorosi digiuni per i fioretti. Così si preparavano i calzoni con le cipolle, che non avendo la carne, erano perfetti per il digiuno religioso. La particolarità era che si conservava per molti giorni e poi se ne preparavano in quantità in tegami da forno a legna. La settimana prima di Pasqua davanti ai forni si formavano delle code interminabili di massaie che tenevano sulla testa quelle teglie di alluminio che contenevano i calzoni.

La preparazione però era, ed è , davvero lunga e laboriosa prima di tutto per la scelta e la mondatura degli sponzali, le famose e gustose cipolle lunghe.

1 Kg./ 1,5 Kg di cipolle lunghe (cipolle porraie)
oppure cipolle dorate comuni.
500 gr di farina bianca 00
75 ml di olio extra vergine di oliva per l'impasto
altro olio extra vergine oliva per ungere il calzone
acqua
1 bicchiere di vino bianco
olive nere
100 gr formaggio grattugiato (pecorino o parmigiano)
sale, pepe
pomodori
acciughe

Sciogliere un cucchiaio di sale in un po' di acqua tiepida. Mettere a fontana la farina, farle una fossetta e aggiungervi l'acqua e l'olio (un bicchiere meno un dito). Impastare (deve avere l'aspetto della pasta di pane) e lasciare riposare per 30 minuti.

Pulire le cipolle e affettarle per il lungo. Metterle in una padella e cucinarle con fuoco moderato in 2 bicchieri d'acqua per circa 30 min.

A metà cottura aggiungere 1 bicchiere di vino con un po' d'olio, sale e pepe.

Una volta ridotte in poltiglia le cipolle e il sugo addensato spegnere il fuoco.

Lasciarle intiepidire, quindi aggiungere metà del formaggio, le olive nere, le alici i pomodori e continuare la cottura.

Formare con l'impasto due dischi. Ungere una teglia da forno. Adagiarvi il primo disco di pasta e il ripieno compattandolo con una forchetta. Aggiungere, un filo d'olio e il formaggio rimasto. Chiudere il calzone col secondo disco di pasta e bucherellarne la superficie. Aggiungere abbondante olio. Mettere in forno caldo la teglia a 200° per 50 min. con il calore che deve provenire solo da sotto. E' pronto quando la superficie del calzone di cipolle è ben dorato.

SWEET DELIGHTS

The delight of the children was and is the desserts, of which the Apulian cuisine is rich.

When there was misery even the children were satisfied but wanted food that would give energy. Often the breakfast that one brought to school were two slices of bread usually greased with butter and sprinkled with sugar. When there was no butter we used to wet the bread slices to make the sugar stick. Then there were the sweet and savory bagels that regularly emerged from the capacious pockets of the aprons of school.

The party, however, brought a supply of sweets that often lasted until the end of Carnival, which ended with the season arrival of Lent. It was almost forbidden to eat them. And there was no feast without desserts and sweets that are linked to the cycle of the year festivities. For St. Joseph they prepared the "zeppole," donuts fried dough and then flavored with cream and candied cherries.

At Easter, the "squarcella," a donut covered with sugar icing, and various decorations. The tradition is to prepare it with an odd number of eggs and is gifts as a sign of good wishes to children and boyfriends. Then in Foggia there is a sweet for the dead, and is known as "cooked grain" or dialect " cicc cuott ," which is an old sweet. And Foggia there is a dessert made of boiled wheat and then seasoned with wine and then baked with cinnamon candies, chocolate pieces, nuts, pomegranate seeds. Then there is the "sanguinaccio" (pudding) made with pig's blood. The basic ingredient is precisely the pig's blood, collected in the killing of precious animals, and flavored with sugar and cocoa.

Christmas becomes extravagant in flavors: almonds "atterrata" that are roasted and made into the color of the earth and then covered with melted chocolate. Also the complicated preparations of cartellate: a very thin pasta, mixed with white wine and fried and then seasoned with plenty of mulled wine. The calzoni or calzuncelli made from the same mold of cartellate, but filled with grape chutney. Finally, the "pizza seven layers" typical of Cerignola, where among thin sheets, it must only be just seven, which comprises the "bendiddio" (richness of God): chopped nuts, chocolate, sugar and so on and so forth. The most typical dessert of the day of Easter, in addition to large bagels and sugar, white "Gileppe or giuleppe," is the "tart" or "squarcella." The meaning of the name one can possibly find in the word "release," which indicates the baptism and the freedom from original sin. It has the shape of a dove, basket, heart, etc.; they are imprisoned with crosses of pasta, and whole eggs with the shell.

DELIZIOSE DOLCEZZE

La delizia dei bambini erano e sono i dolci, di cui la cucina pugliese ne è ricca.

Quando davvero c'era la miseria anche i bambini si accontentavano ma ci volevano cibi che dessero energie.

Spesso la colazione che si portava a scuola erano due fette di pane di solito unte di burro e cosparse di zucchero. Quando il burro non c'era si usava bagnare le fette di pane per fare attaccare lo zucchero. Poi c'erano i taralli dolci o salati che puntualmente sbucavano dalle capienti tasche dei grembiuli di scuola.

La festa però portava una scorta di dolci che spesso durava fino alla fine di Carnevale, finito il quale, con l'arrivo della Quaresima, era quasi proibito mangiarli.

E non c'era festa senza i dolci ed i dolci tipici sono legati al ciclo delle festività dell'anno. A S. Giuseppe si preparavano le "zeppole," ciambelle di pasta fritte e dopo insaporite con crema e canditi di amarena.

A Pasqua, la "squarcella," una ciambella ricoperta di glassa di zucchero, con decorazioni varie. La tradizione vuole che si prepari con un numero dispari di uova e che si doni in segno augurale, ai bambini ed i fidanzati. Poi nel foggiano c'è un dolce per i morti, ed è il cosiddetto "grano cotto" o dialettalmente *"cicc cuott,"* che è un dolce antichissimo. E ancora nel foggiano un dolce a base di grano bollito e poi insaporito con vino cotto e poi cannella, canditi, cioccolata in pezzi, noci, chicchi di melograno. Poi c'era il *"sanguinaccio,"* fatto col sangue di maiale. L'ingrediente base è appunto il sangue del maiale, raccolto durante l'uccisione del prezioso animale, ed insaporito con zucchero e cacao.

A Natale, ci si sbizzarrisce di sapori: mandorle "atterrate" cioè tostate e fatte diventare del colore della terra e poi ricoperte con cioccolata fusa. Poi le complicate preparazioni delle cartellate: a base di pasta sottilissima, impastata col vino bianco e fritta ed infine condita da abbondante vino cotto. I calzoni o calzuncelli fatti della stessa pasta delle cartellate, ma ripieni di mostarda d'uva. Infine la "pizza sette sfoglie" tipica di Cerignola, dove tra le sfoglie sottilissime, devono essere proprio sette, ci va il bendiddio: noci tritate, cioccolata, zucchero e chi più ne ha più ne metta. Il dolce più tipico dei giorni di Pasqua, oltre ai grossissimi taralli zuccherati, bianchi di *"gileppe o giuleppe,"* è la "scarcella" o "squarcella." Il significato del nome lo si può, forse, trovare nel verbo "scarcerare," che indicava come l'uomo, con il battesimo, veniva liberato dal peccato originale. Ha la forma di colomba, cestino, cuore ecc., in cui vengono imprigionate, con delle croci di pasta, delle uova con tutto il guscio.

Gilded Cavideddi

4 slices bread from Puglia
extra-virgin olive oil
2 eggs
1 pinch salt

Lightly beat the eggs with a pinch of salt. In a large skillet heat the oil, meanwhile, turning over the bread slices in egg one by one. When oil is hot but not boiling, one at a time dip the bread slices and brown them. Eat pretty hot. It is a traditional lunch (or snack) for rich kids.

Cavideddi indorati

4 fette pane pugliese
olio d'oliva extra-vergine
2 uova
1 pizzico sale

Sbattere leggermente le uova con un pizzico di sale. In una padella ampia scaldare l'olio; frattanto rigirare le fette di pane una ad una nell'uovo sbattuto. Quando l'olio è caldo ma non bollente tuffarvi una alla volta le fette di pane e farle dorare. Mangiarle belle calde. È una merenda (o spuntino) tradizionale e ricca per i ragazzi.

Ricotta Donuts

13 oz of flour
10 oz of ricotta
1 1/2 oz of yeast
1 dl of olive oil
ground cinnamon
1/2 cup sugar
granulated sugar
2 oz of almonds
oil for frying
salt

Mix 100 g of flour with the yeast dissolved in warm water. Cover the dough with a cloth and let rise for about 30 minutes in a warm place.

Place the flour on the pastry sheet, yeast dough in center, sieved ricotta cheese, extra virgin olive oil, a pinch of salt, a teaspoon of cinnamon and sugar. Mix the ingredients carefully, slowly, until a smooth paste. Wrap in a cloth and let rise for another hour at least.

Heat plenty of oil for frying in a pan, and then dip the dough by spoonfuls, remembering to pour a few at a time so as not to lower the oil temperature. Drain the fritters with a slotted spoon when they are well cooked, put them on a sheet of absorbent paper towel to remove excess oil and serve immediately.

Frittelle di ricotta

400 g di farina
300 g di ricotta
40 g di lievito di birra
1 dl di olio extravergine di oliva
cannella macinata
100 g di zucchero semolato
zucchero in granella
50 g di mandorle
olio per friggere
sale

Impastare 100 g di farina con il lievito sciolto in poca acqua tiepida. Coprire l'impasto ottenuto con un canovaccio e farlo lievitare per circa 30 minuti in un luogo tiepido. Disporre a fontana la farina restante sulla spianatoia, mettere al centro l'impasto lievitato, la ricotta setacciata, l'olio extravergine di oliva, un pizzico di sale, un cucchiaino di cannella e lo zucchero semolato. Mescolare con cura gli ingredienti, lentamente, fino a ottenere un impasto omogeneo. Avvolgerlo in un canovaccio e farlo lievitare ancora per almeno un'ora. Scaldare abbondante olio per friggere in una padella, quindi immergervi l'impasto a cucchiaiate, ricordandovi di versarne poche alla volta per non abbassare la temperatura dell'olio.

Scolare le frittelle con il mestolo forato quando saranno ben cotte, passarle su un foglio di carta assorbente da cucina per eliminare l'olio in eccesso e servirle subito.

Almonds praline

10 oz almonds
3 oz sugar
water

Prepare a caramel with sugar and water. When the caramel is ready add the almonds previously moistened, leaving the skin on, and mix with a wooden spoon until they are very blonds. Transfer all the marble and then add a little 'sugar and cook again in the same pan until they turn brown and form many dots on the surface. Allow to cool and are now ready to be enjoyed. You can also dip them in melted chocolate in a double boiler.

Mandorle pralinate

300 gr. di mandorle
100 gr zucchero
acqua

Preparare un caramello con lo zucchero e l'acqua. Quando il caramello è pronto unire le mandorle precedentemente inumidite, lasciando la pelle, mescolare con cucchiaio di legno molto velocemente fino a che diventano bionde. Travasare tutto sul marmo poi aggiungere un po' zucchero e cuocere nuovamente nello stesso tegame fino a che diventano scure e con tanti pallini sulla superficie. Lasciare raffreddare e sono pronte per essere gustate oppure si possono immergere nel cioccolato fuso a bagnomaria.

Cartellate or Christmas Rose • Made by Mom!

1 lb of flour
2 oz sugar
1 whole egg
1/2 cup of olive oil
a pinch of salt
grated lemon peel
1/2 cup of sweet white wine or white Martini

Mix the flour the egg, oil, salt, lemon and wine in the center and work with your hands. Let it sit for half an hour together and then knead the dough and cut the pastry very into thin strips with using a pastry wheel. Form each strip into roll forming closures to take the semblance of a rose.

They are dried and fried the next day, leaving them upside down to drip.

After a few hours you put mulled wine in a pan on low heat and the roses dipped for a few seconds and stored on a lined tray.

With the same mix you can do "calzoncelli" filled with grape chutney.

Cartellate o Rose di Natale • Fatte da Mamma!

500 gr. di farina
50 gr. zucchero
1 uovo intero
75 gr. di olio
un pizzico di sale
limone grattugiato
100 gr. di vino bianco dolce o Martini bianco

Impastare la farina a fontana al centro uovo olio sale limone e vino e lavorare con le mani poi quando si è unita lasciare riposare per mezz'ora e poi lavorarla con la macchina per fare la pasta e tagliare delle sfoglie molto sottili e poi fare delle strisce con la rotellina per dolci e con ogni striscia formare delle chiusure e arrotolare prenderanno cosi la sembianza di una rosa.

Si fanno asciugare e il giorno dopo si friggono lasciandole gocciolare capovolte. Dopo qualche ora in un tegame si mette il vino cotto sul fuoco basso e si immergono per qualche secondo le rose e si ripongono allineate su un vassoio. Con lo stesso impasto si possono fare i "calzoncelli" ripieni di mostarda di uva.

Pastine with "vin cotto"

1 lb of flour
10 oz of sugar
1 cup of olive oil
a pinch of salt
figs / grape syrup
grated lemon or orange or mandarin oranges into small pieces
7 oz of ground almonds
1 oz of yeast

Mix the ingredients with the classic flour with a pint of mulled wine. Let rest for half an hour and then form with the hands small pastries: a type of cookies but too thick. Grease a baking dish align them and bake in the oven at 100 °C for 10 minutes. When they are cool, dip in warm mulled wine and store them on a tray.

Pastine al vin cotto

1 kg di farina
300 gr di zucchero
200 gr di olio
un pizzico di sale
Vin cotto di fichi
buccia di limone o arancia o mandarini a pezzetti.
200 gr di mandorle tritate
2 bustine di lievito per dolci

Impastare gli ingredienti con la classica farina a fontana con mezzo litro di vin cotto. Fare riposare per mezz'ora e poi formare con le mani delle piccole pastine, tipo biscotti non troppo spessi. Imburrare una teglia allinearli e infornare nel forno a 100° per 10 minuti. Quando sono raffreddate passarle nel vin cotto tiepido e riporle su un vassoio.

Homemade Biscuits

This has the same ingredients of the "scarcella" but with a difference in cooking. Knead, adding milk until a soft dough. Shape into meatloaf and, before putting in the oven preheated, brush with beaten egg yolk. When half cooked, remove from oven and cut into slices wide as a finger. Return the biscuits to the oven to complete the cooking.

Biscotti caserecci

Hanno gli stessi ingredienti della "scarcella" con una differenza nella cottura. Impastare aggiungendo eventualmente il latte fino ad ottenere un impasto morbido, dare forma di polpettone e, prima di mettere in forno preriscaldato, spennellare con un tuorlo di uovo sbattuto, a metà cottura togliere dal forno e tagliare a fette larghe un dito. Rimettere in forno i biscotti così ottenuti per finire la cottura.

Scarcella

1 lb flour
1/2 lb sugar
1 egg
a glass of warm milk
grated peel of one lemon

Mix flour with baking powder and form a fountain on a pastry board. Add sugar and lemon peel, and put in the oil, egg and a little warm milk the middle. Mix gently and add more milk if necessary. Work the dough for about ten minutes, divide it into three parts, and knead into cylinders and braid. Bend braid to form a donut or an eight and place in a greased baking sheet. Place in the dough a couple of eggs in their shells. Bake in preheated oven for an hour or however long it takes until the pasta is cooked and golden. Let cool and remove from cake tin. Prepare a glaze by mixing in a bowl, the egg white and lemon juice, then adding the powdered sugar gradually, stirring with a wooden spoon and avoiding lumps. The dough should be thick but smooth Brush it evenly over the "scarcella," without covering the eggs, to the ends and before it curdled forming frosting spray of colored sweets.

Scarcella

500 gr. di farina
250 gr. di zucchero
1 uovo
1 bicchiere di latte tiepido
buccia grattugiata di un limone

Mescolare la farina con il lievito e disporla a fontana sulla spianatoia, aggiungere lo zucchero e la buccia di limone, porre al centro l'olio, l'uovo ed un poco di latte tiepido, impastare delicatamente ed eventualmente aggiungere ancora del latte. Lavorare la pasta per una decina di minuti, dividerla in tre parti, lavorarla fino ad ottenere dei cilindri ed intrecciarli. Con la treccia formare un ciambellone o un otto e porlo in una teglia da forno unta, poggiare premendo fino a che non si inseriscono nella pasta due uova col guscio. Cuocere in forno preriscaldato per un'ora scarsa o comunque fino a che la pasta appare cotta e dorata. Lasciare raffreddare e togliere dalla tortiera. Preparare una glassa mescolando in una terrina l'albume ed il succo di limone, aggiungendo quindi lo zucchero a velo poco per volta, mescolando con un cucchiaio di legno ed evitando che si formino dei grumi. L'impasto deve risultare denso ma scorrevole, spennellarlo uniformemente sulla "scarcella," senza però ricoprire le due uova, alla fine e prima che si rapprenda la glassa spruzzare dei confettini colorati.

TASTE OF THE SEA

My memories are lost in days spent in the old town of Bari, where once a week there was the ritual of shopping at the market opposite the Teatro Margherita. There was a single fish market in the middle of a plaza paved with white chianche, a glimpse of the sea and ancient walls. Every time I shut out the voices, there was the strong odor of fish and my eyes got tired looking at all those types of fish and seafood, and then I would dare take what they gave me to try. I learned to taste the raw fish (sushi fashion in my land), to recognize the name from the size, smell and the freshness of the fish and from the color of the eyes, carefully following all that my father told me. I went to the market not just to buy fish. I went there with my father, not

130

only a great expert and connoisseur of fruit and vegetables but also of meat and fish specialties.

Frequently I found myself going with him to the grocery store because it freed my mother at home. With him I learned to recognize the pieces of meat, the best cuts for roasts, steaks and rolls for the sauce and, above all to be able to enjoy the riches of the sea. Although I was small, I did enjoy the crudités: remember spoonfuls of "sea foam" (frying fish caught with skimmers now banned) seasoned with pepper and lemon. A real treat that I will never be able to try again.

There are also memories of months passed at the sea, always barefoot on hot chianche (paving stones), with the sun pouring down on my head and wearing bleached cotton hats, and white shirts because they block the sun, and fingers always rough for the hours spent in the water. There was the diving competition that filled our days, the walks along the seafront to the harbor to get to fish with homemade rods made from a cane in the fields, the nylon line and hooks made from hardware. It was a beautiful game competing with those who fished more often. In a line of six we crossed the country in a single file, barefoot feet black as coals with the others always ready to insult us and make bets. The reeds clashed, the hooks tangled with each other and started fights, tears and the new challenges. We bet with the sandwiches or the omelette with ratatouille, and the loser really paid.

But the evening was a triumph in every sense. We lost the rivalries in front of the soup and the fried fish prepared with our catch, the catch of six children, six cousins, two by two of the same age, with the same blood and the same love for Puglia: Vincenzo and Rossana, Mario and Francesco, Maria Antonietta and Mario. We shared those flavors with a unique taste for simplicity in the daily life that we spent those burning summers in Otranto.

When I returned home after the summer holidays I went around my town on Sunday amongst the odors of meat sauce prepared with tomato sauce and pieces of lamb, veal, pork and beef and food types for the feast day. Oil, onion and chili fried first, red wine and cloves to flavor everything and left to cook for hours and hours until a thick, creamy sauce and a meat tender like butter.

But in a city like Bari, a fishing village, the smell and taste of the sea are intertwined and merge in the many custom menus which it offers.

There is a dish known throughout the culinary world that is characterized by the simplicity of the ingredients and for the refined quality. The housewives of the village teach us the right choice of necessary ingredients; make sure the mussels are the right ones, with large and white fruit, yellow potatoes, rice suitable for cooking and onions sweet and delicate. This assortment is put in the oven, perhaps a wood burning one, and left to cook slowly. Some variation is allowed with a slice of zucchini scattered here and there in the baking dish that serves to maintain the ideal humidity to maintain the cooking.

Sapore di mare

I miei ricordi si perdono nelle giornate passate nella Bari vecchia, quando una volta a settimana c'era il rito della spesa fatto al mercato di fronte al Teatro Margherita. Un mercato ittico unico in mezzo ad una piazza lastricata di chianche bianchissime, uno scorcio di mare e mura antiche. Ogni volta mi rimbambivo del vociare, degli odori forti di pesce e mi stancavo gli occhi a guardare tutti quei tipi di pesce, di frutti di mare, ed osavo prendere quello che mi offrivano da assaggiare. Così ho imparato a gustare le crudità (il sushi di moda nella mia Terra), a riconoscere dalla pezzatura il nome, la freschezza dall'odore e dal colore degli occhi, seguendo con attenzione tutto quello che mio padre mi raccontava. Così al mercato a comprare il pesce ci andavo solo con papà grande intenditore e conoscitore non solo di frutta e verdure, ma anche di carne e di pesce.

Spesso mi ritrovavo con lui a fare la spesa perché lasciava la mamma a casa. Con lui ho imparato a riconoscere anche le pezzature della carne, i tagli migliori per gli arrosti, le bistecche e gli involtini per i ragù e, soprattutto a saper gustare le ricchezze del mare. Nonostante fossi piccola mi faceva assaggiare quelle crudità: ricordo le cucchiaiate di "spuma di mare" (avannotti pescati con le schiumarole oggi proibitissime) condite con pepe e limone, una vera leccornia che mai più potrò assaggiare.

Sono anche ricordi di mesi passati al mare, sempre a piedi nudi sulle chianche roventi, col sole a picco sulla testa e i cappellini di cotone scoloriti, le magliette bianche perché cacciano il sole e le dita sempre rugose per le ore trascorse

133

nell'acqua. Erano le gare di tuffi che riempivano le nostre giornate, le passeggiate sul lungomare per arrivare al porto a pescare con le canne costruite a casa con una canna presa nei campi, il filo di nylon e gli ami presi in ferramenta. Era un gioco bellissimo fare a gara a chi pescava di più. In sei attraversavamo il paese in fila indiana, scalzi e neri come tizzoni, sempre pronti ad insultarci e a fare scommesse. Le canne si scontravano, gli ami si impigliavano gli uni con gli altri e cominciavano le liti, i pianti e le nuove sfide. Ci si giocava i panini con la frittata o con la peperonata e chi perdeva pagava davvero.

La sera però era un trionfo in tutti i sensi. Si perdevano le rivalità davanti alla zuppa di pesce ed alla frittura preparate con il nostro pescato, il pescato di sei bambini a due a due della stessa età, con lo stesso sangue e lo stesso amore per la Puglia: Vincenzo e Rossana, Mario e Francesco, Maria Antonietta e Mario.

Abbiamo condiviso quei sapori con un gusto unico per la vita che trascorrevamo nella semplicità quotidiana di quelle estati roventi di Otranto.

Quando ritornavo a casa dopo le vacanze giravo per la mia città la domenica tra gli odori tipi della cucina del giorno di festa fatto di ragù di carne preparato con conserva di pomodoro e pezzi di agnello, vitello, maiale e manzo. Olio, cipolla e peperoncino per il primo soffritto, vino rosso e chiodi di garofano per insaporire il tutto, lasciato a cuocere per ore ed ore fino ad ottenere un sugo denso e cremoso ed una carne tenera come burro.

Ma in una città come Bari, borgo di pescatori, gli odori ed il sapore del mare si intrecciano e si confondono negli innumerevoli menù che le usanze offrono.

C'è un piatto noto a tutto il mondo gastronomico che si distingue per la semplicità degli ingredienti quanto per la ricercata qualità degli stessi. Le massaie del borgo insegnano che nella scelta degli ingredienti bisogna assicurarsi che le cozze siano quelle giuste, con un frutto grande e bianco, le patate di pasta gialla, il riso adatto alla cottura e le cipolle dolci e delicate. Tale assortimento viene messo in forno, magari a legna, e lasciato a cuocere lentamente. Qualche variante è ammessa come la fettina di zucchina sparsa quà e là nella teglia che può servire a mantenere l'umidità necessaria all'ideale mantenimento della cottura.

"Tiella" rice, potatoes and mussels (Dad's special recipe)

It can also be a soup of many ingredients, not just potatoes and mussels, even raw vegetables stacked in distinct layers, then served in a pan that is baked in the oven. The composition of "tielle" does not follow fixed rules but has room for your creativity.

4 oz rice
2 lb of potatoes
2 lb of mussels
2 zucchini per layer
2 tomatoes per layer
extra virgin olive oil
pepper
1 clove of garlic
onion
parsley, basil
3 oz pecorino cheese
bread crumbs
salt

Wash the mussels and brush the shell, open by hand (or frying pan over high heat) and put them in a separate plate. Slightly wash the rice, chop parsley, basil, clean the garlic and slice the onion. Coat the bottom of the "baking dish" with oil, then cut the onion thin and spread on the bottom. Then cut the tomatoes fine and add parsley and basil.

Flavor with a pinch of salt and a sprinkling of pecorino cheese. Put on top a very thin layer of zucchini cut into slices and with tomato, basil, cheese, salt and a little oil. Make a layer of potatoes, cut into half inch thick pieces and season and add a layer of tomato, basil, cheese, salt and oil, and on this layer, place the mussels and sprinkle the rice and season again with basil, tomatoes, cheese and oil. Place garlic only on the bottom. Prepare a final layer of potatoes and season as above. Add the last layer of bread crumbs on which put a sprinkling of pecorino cheese, a drizzle of oil, a tomato and a thin bit of basil. Place baking dish on a gas stove and just add water up until the last layer of potatoes. Cover with a lid, turn the gas on low flame for 10 minutes, then increase a little 'flame for another 10 minutes checking the water level and always cooking the potatoes. When potatoes are almost made, take a baking dish and put in the oven without a lid for 15 minutes at 200 ° C until it forms a golden crust. Remove from oven and replace the lid. Allow to cool slightly and serve.

Tiella di Riso, Patate e Cozze (ricetta speciale di papà)

Può essere anche una minestra di vari ingredienti, non solo patate e cozze, anche solo verdure sovrapposti a crudo in strati distinti, poi conditi in un tegame che cuoce in forno. La composizione delle "tielle" non segue regole fisse ma da spazio alla propria creatività.

100 gr. di riso
1 kg di patate
1 kg di cozze
2 zucchine per strato
2 pomodorini per strato
olio extra vergine di olive
pepe
1 spicchio di aglio
cipolla
prezzemolo
basilico
formaggio
pecorino
pane grattugiato
sale

Lavare bene le cozze spazzolare il guscio, aprirle a mano (o in padella a fuoco vivace) e metterle in un piatto a parte.
Lavare leggermente il riso, tritare un ciuffo di prezzemolo, basilico, pulire lo spicchio d'aglio e tagliare a fette la cipolla.

ungere il fondo della teglia "tiella" con l'olio, poi tagliare la cipolla sottile e stenderla sul fondo poi tagliare i pomodorini sottili e aggiungere prezzemolo e basilico.

Condire con un pizzico di sale e una spolverata di formaggio pecorino. Sopra disporre uno strato di zucchine tagliate finissime a rondelle e condire con basilico pomodorini formaggio sale e olio, poco. Fare uno strato di patate tagliate di spessore mezzo cm, condire e condire con basilico pomodorini formaggio sale e olio, poco e su questo strato mettere le cozze e spargere il riso e condire ancora e condire con basilico pomodorini formaggio e olio. L'aglio basta metterlo solo sul fondo. Preparare un ultimo strato di patate più sottili e condire come sopra. Aggiungere per ultimo uno strato di pangrattato sul quale dare una spolverata di formaggio pecorino, un filo di olio, un pomodorino sottilissimo e un po' di basilico. Poggiare la tiella su un fornello a gas e in un punto solo aggiungere l'acqua fino all'ultimo strato delle patate. Coprire con un coperchio, accendere il gas a fiamma bassa per 10 minuti poi aumentare un po' la fiamma per ancora 10 minuti controllando sempre il livello dell'acqua e la cottura delle patate. Quando le patate sono quasi fatte prendere la tiella e metterla nel forno senza coperchio per 15 minuti a 200°C fino a che non si forma una crosta dorata e togliere da forno e poggiare il coperchio. Lasciare raffreddare un po' e servire.

Spaghetti with Octopus: originally Taranto

13 oz spaghetti
2 ½ lb
13 oz peeled tomatoes
1 white onion
chilli
1/4 cup extra virgin olive oil
salt
pecorino cheese

Sauté the onion and add the diced octopus. After about five minutes, add the tomatoes mashed with a fork. In a large pot of salted water cook the spaghetti. Cook for about 20 minutes. Drain the pasta, and season with plenty of sauce and pecorino cheese.

Spaghetti col polpo: origine Taranto

400 gr. spaghetti
1 e ½ kg. di polpo
400 gr. di pomodori pelati
1 cipolla bianca
peperoncino
50 gr. olio extravergine di oliva
sale
formaggio pecorino

Soffriggere la cipolla e aggiungere il polpo tagliato a dadini. Dopo circa cinque minuti, aggiungere i pomodori pelati schiacciati con la forchetta. Lasciare cuocere per circa 20 minuti. In una pentola con abbondante acqua salata cuocete gli spaghetti. Scolate la pasta al dente, e condite con il sugo e abbondante formaggio pecorino.

Mussels in oil (a jar)

6 lb mussels
1 l of white vinegar
1 white onion
extra virgin olive oil
salt
garlic
pepper
parsley

Rinse the mussels, scrape the shells and open them on a fire. Let them cool and then remove the shells and put the fruit in a bowl with the vinegar for about two hours. Then dry them well after drained. Put them into the jar and season with salt, garlic and parsley, quartered and then cover them with oil. Put the jar in the fridge. It can store up to three months. Great as an appetizer.

Cozze sott'olio (*un barattolo*)

3 kg. di cozze
1 l di aceto bianco
1 cipolla bianca
olio extravergine di oliva
sale
aglio
pepe
prezzemolo

Sciacquare bene le cozze, graffiare le bucce ed aprirle sul fuoco. Lasciarle raffreddare e poi togliere le bucce e mettere il
frutto in una scodella con l'aceto per circa due ore. Poi
asciugarle bene dopo avere scolate. Metterle nel barattolo e
condirle con poco sale, aglio a quarti e prezzemolo e poi coprirle di olio. Mettere il barattolo in frigo. Si può conservare
sino a tre mesi. Ottime come antipasto.

Pasta with squid (origin Taranto)

13 oz spaghetti or vermicelli
2 ½ lb. of small cuttlefish
13 oz of peeled tomatoes
1 white onion
chilli
1/4 cup extra virgin olive oil
salt
pecorino cheese

Saute the onion and add the squid. After about five minutes add the tomatoes mashed with a fork. Cook for about 10 minutes and remove the cuttlefish. Continue to cook the tomatoes for 15 minutes and then replace the cuttlefish and finish. In a large pot of salted water cook the noodles. Drain the pasta, transfer to a bowl and season with plenty of sauce and pecorino cheese.

Pasta con le seppie (origine Taranto)

400 gr. spaghetti o vermicelli
1 e ½ kg. di seppie piccole
400 gr di pomodori pelati
1 cipolla bianca
peperoncino
50 gr. olio extravergine di oliva
sale
formaggio pecorino

Soffriggere la cipolla e aggiungere le seppie. Dopo circa cinque minuti aggiungere i pomodori pelati schiacciati con la forchetta. Lasciare cuocere per circa 10 minuti e togliere le seppie. Continuare la cottura del pomodoro per altri 15 minuti e poi rimettere le seppie e terminare. In una pentola con abbondante acqua salata cuocere i vermicelli. Scolare la pasta al dente, trasferire in una zuppiera e condire con il sugo e abbondante formaggio pecorino.

Typical Reginelle with mussels
A dish prepared for the day of San Giuseppe (origin Taranto)

13 0z Reginelle or vermicelli
2 ½ lb of mussels
10 oz fresh tomatoes
2 cloves of garlic
parsley
chilli
1/4 cup extra virgin olive oil
salt

Saute the garlic and parsley add the mussels washed and hulled. After two minutes, add the tomatoes and chilli. Cook for about 10 minutes. In a large pot of salted water cook the Reginelle. Drain the pasta, transfer to a bowl and season with tomatoes and mussels. Alternatively you can prepare the tomatoes with the tomato sauce, but the mussels are added halfway through cooking.

Reginelle con le cozze
Tipico piatto che si prepara per il giorno di San Giuseppe
(origine Taranto)

400 gr. di reginelle o vermicelli
1 e ½ kg di cozze
300 gr. di pomodorini freschi
2 spicchi di aglio
prezzemolo
peperoncino
50 gr. olio extravergine di oliva
sale

Soffriggere l'aglio e il prezzemolo aggiungere le cozze lavate e sgusciate. Dopo due minuti aggiungere i pomodorini ed un peperoncino rosso piccante. Lasciate cuocere per circa 10 minuti. In una pentola con abbondante acqua salata cuocete le reginelle. Scolate la pasta al dente, trasferite in una zuppiera e condite con il sugo di pomodorini e cozze. In alternativa ai pomodorini si può preparare con la salsa di pomodoro ma le cozze vanno unite a metà cottura.

Stuffed cuttlefish

2 lb of small cuttlefish
2 eggs
1 anchovy
extra virgin olive oil
stale bread
pugliese pecorino cheese
capers
parsley
garlic
salt
pepper

Prepare a mixture of wet bread topped with two eggs, parsley, garlic, anchovies washed and boned, some capers, salt and pepper and a generous grating of pecorino cheese from Puglia. Fill the squid, clean and free of skin and bone inside, with the mixture. Close the mouth with toothpicks or kitchen string. Spread a bit of extra virgin olive oil in a baking dish and bake in a hot oven until cooked. Tradition has it that Good Friday is for preparing a ragout of stuffed squid with which the pasta is dressed.

Seppie ripiene

1 kg. di seppie piccole
2 uova intere
1 acciuga sottosale
olio extra vergine di oliva
pane raffermo
formaggio pecorino pugliese
capperi
prezzemolo
aglio
sale
pepe

Preparare un impasto di pane raffermo bagnato condito con due uova, prezzemolo, aglio, una acciuga sottosale lavata e diliscata, qualche cappero, sale e pepe e una grattata generosa di pecorino pugliese. Riempire le seppie, pulite e prive della pelle e dell'osso interno, con il composto chiudendo bene l'imboccatura con stecchini o filo da cucina. Spargere in una teglia un filo di olio extra vergine di oliva e infornare nel forno molto caldo fino a cottura. La tradizione vuole che il venerdì Santo si prepari un ragù di seppie ripiene con cui si condiscono i bucatini.

Bucatini ragout stuffed squid

13 oz Bucatini
1½ lb stuffed squid
a small onion
two cloves of garlic
a small bunch of parsley
1 lb fresh tomato sauce
dry white wine
extra virgin olive oil
salt
pepper

Prepare the stuffed squid. Finely chop the onion, garlic and parsley and dry them on a pan with two tablespoons of oil. Add the cuttlefish and brown them over low heat for a few minutes. Pour in a splash of white wine and let evaporate. Add the tomato sauce, salt and pepper and simmer for about an hour. Boil the pasta, drain when al dente and toss with the sauce.

Bucatini al ragù di seppie ripiene

400 gr. di bucatini
600 gr. seppie ripiene
una cipolla piccola
due spicchi d'aglio
un mazzetto di prezzemolo
500 gr. di salsa di pomodoro fresco
vino bianco secco
olio extravergine di oliva
sale
pepe

Preparare le seppie ripiene. Tritare finemente la cipolla, l'aglio e il prezzemolo e farli appassire il un tegame con due cucchiai d'olio. Aggiungere le seppie e farle rosolare a fuoco bassissimo per pochi minuti, bagnare con una spruzzata di vino bianco e farlo evaporare. Aggiungere la salsa di pomodoro, il sale e il pepe e cuocere a fuoco lento per circa un'ora. Lessare i bucatini, scolarli al dente e condirli con il ragù.

Tubettini mussels and beans

In the tradition of Bari there are those who prefer pasta with mussels eaten with a spoon and those that prefer linguine or spaghetti tubes (or ditalini) smooth or ridged.

10 oz tubes (or fingering) smooth or ridged
2 lb of mussels
7 oz of fresh tomatoes
4 cloves of garlic
1 lb of beans
parsley
6 tablespoons of oil
salt
pepper or chili

Clean the mussels and put them in a saucepan with high sides, cover and place over heat for 7-8 minutes, shaking occasionally, so they all open. Discard the shells, put the clams aside, strain the liquid and continue cooking. Sauté 2 cloves of garlic in a large skillet with oil and a bit 'of parsley, add the cherry tomatoes cut in half and cook for a few minutes. Add the mussels and their liquid and cook, stirring often for about 10 minutes. Then remove the garlic. Season with salt.

Brown the other two cloves of garlic in olive oil and when the garlic is browned remove and add the beans and boil well. Cook the pasta in plenty of salty water until half cooked, drain it and then continue cooking in the pan containing the sauce. Add the cooked beans. Distribute in the individual plates and add a little olive oil and seasoned with a sprinkling of pepper or chili.

Tubettini cozze e fagioli

Nella tradizione barese c'é chi la pasta con le cozze preferisce mangiarla col cucchiaio perciò alle linguine o agli spaghetti preferisce i tubetti (o ditalini) lisci o rigati.

300 gr. di tubetti (o ditalini) lisci o rigati
1 Kg di cozze
200 gr. di pomodorini
4 spicchi d'aglio
500 gr. di fagioli
prezzemolo
6 cucchiai di olio
sale
pepe o peperoncino

Pulire le cozze e metterle in una pentola capace e dai bordi alti, coprire e mettere sul fuoco per 7-8 minuti, scuotendo di tanto in tanto, in modo che si aprano tutte. Eliminare i gusci, mettere i molluschi da parte; filtrare il liquido di cottura e conservarlo. Fare imbiondire 2 spicchi d'aglio in una larga padella con l'olio e un po' di prezzemolo, unire i pomodorini tagliati a metà e fare cuocere per qualche minuto. Aggiungere le cozze e il loro liquido e proseguire la cottura mescolando spesso per circa 10 minuti poi eliminare l'aglio. Aggiustate di sale.

Fare indorare gli altre due spicchi d'aglio nell'olio d'oliva e quando l'aglio è imbiondito toglierlo e aggiungere i fagioli e fare lessare bene. Cuocere la pasta in abbondante acqua non troppo salata fino a metà cottura poi scolatela e fate proseguire la cottura nella padella contenente il sugo. Aggiungere i fagioli cotti. Distribuire nei singoli piatti e aggiungere un filo d'olio e insaporite con una spolverata di pepe o di peperoncino.

Barese Soup

4 large, thin slices of dogfish
1 1/2 lb ripe tomatoes
5 oz black olives
2 cloves garlic
parsley
extra-virgin olive oil
salt
pepper

In a large saucepan heated on low add enough oil with the finely chopped garlic. As soon as it starts to shudder, add the tomatoes, peeled, seeded and cut into large pieces and dress with chopped parsley, salt and pepper. After just 5 minutes, add the olives to the sauce and fish. If necessary to help cook the fish, cook the fish a little 'of water. It should not take more than 10 minutes.

Zuppa alla Barese

4 tranci larghi e sottili di palombo
750 gr pomodori maturi
150 gr olive nere
2 spicchi aglio
prezzemolo
olio d'oliva extra-vergine
sale
pepe

In un tegame largo e basso scaldate abbastanza olio con l'aglio finemente tritato. Non appena questo inizia a fremere, aggiungete i pomodori, pelati, privati dei semi e tagliati a pezzettoni, condendo con prezzemolo tritato, sale e pepe. Dopo appena 5 minuti unite alla salsa le olive e il pesce. Portate a cottura il pesce aiutandovi se necessario con un po' di acqua; non dovrebbero occorrere più di 10 minuti.

Soup with Mussels Taranto

2 lb mussels
10 oz tomatoes
1 clove garlic
chilli
olive oil
parsley
croutons
1 pinch salt

Wash and clean the mussels, then open them in a saucepan with a little oil. In a large frying pan, previously greased with oil, fry a clove of crushed garlic and a little chili. When the garlic begins to brown, remove it with the pepper and pour the tomatoes into the pan. Add a pinch of salt and cook over medium heat for about ten minutes then add the mussels along with their well-filtered sauce. Sprinkle the soup with chopped parsley and serve in bowls (preferably earthenware) with toasted bread.

Zuppa di Cozze alla Tarantina

1kg cozze
300 gr. pomodori
1 spicchio aglio
peperoncino
olio d'oliva
prezzemolo
crostini di pane
1 pizzico sale

Lavare e pulire le cozze, poi farle aprire in una casseruola
con un filo di olio. In un'ampia padella, unta in precedenza
con olio, fare soffriggere uno spicchio di aglio schiacciato e
un po' di peperoncino. Appena l'aglio comincerà a prendere
colore, toglierlo insieme al peperoncino e versare nella padella i pomodori pelati. Aggiungere un pizzico di sale e lasciare cuocere a fuoco media per circa dieci minuti poi aggiungere le cozze, insieme al loro sugo ben filtrato. Spolve-
rare la zuppa con il prezzemolo tritato e servirla nelle sco-
delle (meglio se di terracotta) con crostini di pane.

Risotto with sea cicadas

10 oz of rice
1 lb of sea cicadas or crayfish
2 cloves of garlic
parsley
1 large glass of dry white wine
extra virgin olive oil
salt to taste
chili to taste

Wash the sea cicadas and cut the head and tail (3-4 entire right for the decoration of the dishes). Put in a saucepan 1 liter of salt water and a glass of wine.

When it comes to a boil pour in the heads and tails of the sea cicadas and simmer about 20 minutes to make this 'soup' in which you cook the risotto. In a pan with olive oil put the rest of the sea cicada after cutting them lengthwise. Cook over high heat for 5-6 minutes then remove from the heat and let cool Clean the sea cicadas and cut the pulp. Now prepare a mixture of chopped parsley and garlic and put in a pan with olive oil, pepper and the pulp of the cicadas, and cook for 5 minutes.

Add the rice and toast for a few minutes and gradually add the hot stock of the cicadas to finish cooking. At this point the dishes are prepared with a cicada risotto on each plate and a whole sea cicada. If raw fish is fresh, or boiled a few minutes, the cicada risotto is ready!

Risotto con cicale di mare

300 gr. di riso
500-600 gr. di cicale o canocchie
2 spicchi d'aglio
prezzemolo
1 bicchiere colmo di vino bianco secco
olio extra vergine d'oliva
sale
peperoncino

Lavate le cicale e tagliatene la testa e la coda (lasciatene 3-4 intere giusto per la decorazione dei piatti). Mettere sul fuoco una pentola con 1 litro d'acqua salata ed il bicchiere di vino.

Quando arriverà ad ebollizione versare le teste e le code delle cicale e lasciate bollire per circa 20 minuti; questo per ottenere un 'brodo' nel quale cuoceremo il risotto. Ora in una padella con solo olio extravergine mettere a cuocere le cicale dopo averle tagliate in pancia nel loro senso di lunghezza, fare cuocere a fiamma vivace per 5-6 minuti poi spegnere il fuoco e fare raffreddare; quindi pulite le cicale e ricavatene la polpa. Preparare ora un trito di prezzemolo e aglio e metterlo in una pentola con olio, peperoncino e la polpa delle cicale, cuocere per 5 minuti circa.

A questo punto versare il riso e tostare per qualche minuto quindi aggiungere gradatamente il brodo caldo delle cicale fino a terminare la cottura. A questo punto preparare i piatti con il risotto alle cicale di mare ed adagiate su ogni piatto una cicala di mare intera, cruda naturalmente se il pesce è fresco. Il risotto è pronto!

CIAMBOTTO

The variety of recipes "sea" is innumerable. It is worth mentioning the mussels "arraganate," deprived of mussel shell top, baked in an earthenware dish with bread crumbs and white wine, the" raw "seafood, typical culinary custom of Bari, mussels and various mussel typically open-bladed knife and eaten with a dash of lemon; the cuttlefish and octopus, "fought" on the rocks to soften and "curly" in wicker baskets with a technique all Bari.

Bari invented the most famous fish sauce from Puglia, the "ciambotto," which in local dialect means mixture. This stew of various kinds of small fish is cooked in the same manner as that of meat and the sauce is just right to season the pasta. There is not a real recipe, as ciambotto was developed as a poor man's dish in the families of fishermen, who cooked with different varieties of fish and seafood (sea bass, prawns, cicadas) with tomatoes, green pepper and water.

La varietà di ricette "di mare" è innumerevole. Vale la pena ricordare le cozze "arraganate," cozze private della valva superiore, cotte al forno in un tegame di coccio con mollica di pane e vino bianco; il "crudo" di mare, tipica usanza culinaria barese, cozze nere e mitili di vario genere aperti a lama di coltello e mangiati con una spruzzatina di limone; le seppioline e i polipi, "battuti" sugli scogli per intenerirli e "arricciati" in cestini di vimini con una tecnica tutta barese.

Proprio a Bari è stato inventato il più famoso dei ragù pugliesi di pesce, il "ciambotto," che in dialetto significa miscuglio. Questo intingolo di pesce piccolo di varie qualità viene cucinato nelle stesse modalità di quello di carne e il ragù appunto serve a condire la pasta. Non esiste una vera e propria ricetta, il ciambotto nasce come piatto povero nelle famiglie di pescatori, che cucinavano insieme diverse varietà di pesce e frutti di mare (spigole, gamberoni, cicale) con Pomodori, acqua e un peperone verde.

Ciambotto

2 lb of small fish of varying quality (goby or redfish, john dory, monkfish in Bari known as monkfish, turbot...)

10 oz of peeled tomatoes or fresh tomatoes from Puglia
extra virgin olive oil
chilli
galt
garlic

In a saucepan, sauté the garlic and pepper, remove it, put in the tomatoes and bring to a boil.

When it is cooked, add the fish rinsed in salt water, salt and cook about ten minutes over high heat.

Then add the fish and cook for 10 minutes over high heat. Remove and pour more water if necessary and add directly in the soup or pasta: tubettini, ditalini pasta, and broken spaghetti.

Today the "ciambotto" is considered a delicacy, combining different flavors and unlike the past, is only eaten accompanied by croutons or with homemade fresh bread from Puglia.

Ciambotto

800 gr. di pesce minuto di varia qualità
(ghiozzo o scorfano, san pietro, coda di rospo a Bari nota
come Pescatrice, rombo...)
300 gr. di pomodori pelati o pomodori pugliesi
olio extra vergine di oliva
peperoncino
sale
aglio

In un tegame fare rosolare l'aglio con il peperoncino, toglierlo, mettere i pomodori e portare a bollore.

Quando sarà cotto aggiungere i pesci sciaquati in acqua salata, salare e cuocere una decina di minuti a fuoco vivo.

Aggiungere poi i pesci, far cucinare per 10 minuti a fuoco vivo, toglierli e versare se occorre altra acqua oppure direttamente versare nel brodetto la pasta: tubettini, ditalini, spaghetti spezzati.

Oggi il "ciambotto" è considerato un piatto prelibato, che unisce diversi sapori e a differenza del passato viene gustato solo accompagnato da crostini di pane o con pane fresco casareccio di Puglia.

Buon appetito!

ABOUT THE AUTHOR

A writer, and passionate about cooking, Rossana del Zio was born in Andria, in the province of Bari. She started cooking for fun, and now and now, after years as a hobby in the kitchens of Italian restaurants, she dedicates herself primarily to cook at home for private events, succeeding to combine his two passions: cooking and writing. Her writing ranges from cooking to history, from Puglia to America.

Her most significant books include: *Il paese maledetto Brigantaggio un viaggio attraverso il presente; Either Brigands or Emigrants; Niccolina storia di una brigantessa; Gente di passaggio,* her latest novel.

Two other books are in progress: *The Middleman in AmerItalia,* about Italian-Americans, and *La bicicletta di Sam,* the second novel in the trilogy *Passaggi.*

S crittrice e appassionata di cucina, Rossana del Zio è nata ad Andria in provincia di Bari. Ha iniziato a cucina per gioco e necessità ed oggi dopo anni passati per hobby ai fornelli di ristoranti italiani si dedica essenzialmente a cucinare per eventi privati a domicilio riuscendo così a combinare le sue due grandi passioni: cucinare e scrivere. La sua scrittura spazia dalla cucina alla storia, dalla Puglia all'America.

Tra i suoi libri più significativi *Il paese maledetto Brigantaggio un viaggio attraverso il presente; Either Brigands or Emigrants; Niccolina storia di una brigantessa; Gente di passaggio,* il suo ultimo romanzo.

Sono in via di definizione altri due libri: il saggio *The Middleman in AmerItalia,* sugli italo-americani, e *La bicicletta di Sam,* il secondo romanzo della trilogia *Passaggi.*

NOTES

NOTES

VIA FOLIOS

A refereed book series dedicated to the culture of Italians and Italian Americans.

LORENZO DELBOCA, *Polentoni*, Vol. 82. Italian Studies, $15

SAMUEL GHELLI, *A Reference Grammar*, Vol. 81. Italian Language. $36

ROSS TALARICO, *Sled Run*, Vol. 80. Fiction. $15

FRED MISURELLA, *Only Sons*, Vol. 79. Fiction. $15

FRANK LENTRICCHIA, *The Portable Lentricchia*, Vol. 78. Fiction. $16

RICHARD VETERE, *The Other Colors in a Snow Storm*, Vol. 77. Poetry. $10

GARIBALDI LAPOLLA, *Fire in the Flesh*, Vol. 76 Fiction & Criticism. $25

GEORGE GUIDA, *The Pope Stories*, Vol. 75 Prose. $15

ROBERT VISCUSI, *Ellis Island*, Vol. 74. Poetry. $28

ELENA GIANINI BELOTTI, *The Bitter Taste of Strangers Bread*, Vol. 73, Fiction, $24

PINO APRILE, *Terroni*, Vol. 72, Italian Studies, $20

EMANUEL DI PASQUALE, *Harvest*, Vol. 71, Poetry, $10

ROBERT ZWEIG, *Return to Naples*, Vol. 70, Memoir, $16

AIROS & CAPPELLI, *Guido*, Vol. 69, Italian/American Studies, $12

FRED GARDAPHÉ, *Moustache Pete is Dead! Long Live Moustache Pete!*, Vol. 67, Literature/Oral History, $12

PAOLO RUFFILLI, *Dark Room/Camera oscura*, Vol. 66, Poetry, $11

HELEN BAROLINI, *Crossing the Alps*, Vol. 65, Fiction, $14

COSMO FERRARA, *Profiles of Italian Americans*, Vol. 64, Italian Americana, $16

GIL FAGIANI, *Chianti in Connecticut*, Vol. 63, Poetry, $10

BASSETTI & D'ACQUINO, *Italic Lessons*, Vol. 62, Italian/American Studies, $10

CAVALIERI & PASCARELLI, Eds., *The Poet's Cookbook*, Vol. 61, Poetry/Recipes, $12

EMANUEL DI PASQUALE, *Siciliana*, Vol. 60, Poetry, $8

NATALIA COSTA, Ed., *Bufalini*, Vol. 59, Poetry. $18.

RICHARD VETERE, *Baroque*, Vol. 58, Fiction. $18.

LEWIS TURCO, *La Famiglia/The Family*, Vol. 57, Memoir, $15

NICK JAMES MILETI, *The Unscrupulous*, Vol. 56, Humanities, $20

BASSETTI, ACCOLLA, D'AQUINO, *Italici: An Encounter with Piero Bassetti*, Vol. 55, Italian Studies, $8

GIOSE RIMANELLI, *The Three-legged One*, Vol. 54, Fiction, $15

CHARLES KLOPP, *Bele Antiche Stòrie*, Vol. 53, Criticism, $25

JOSEPH RICAPITO, *Second Wave*, Vol. 52, Poetry, $12

GARY MORMINO, *Italians in Florida*, Vol. 51, History, $15

GIANFRANCO ANGELUCCI, *Federico F.*, Vol. 50, Fiction, $15

ANTHONY VALERIO, *The Little Sailor*, Vol. 49, Memoir, $9

ROSS TALARICO, *The Reptilian Interludes*, Vol. 48, Poetry, $15

RACHEL GUIDO DE VRIES, *Teeny Tiny Tino's Fishing Story*, Vol. 47, Children's Literature, $6

EMANUEL DI PASQUALE, *Writing Anew*, Vol. 46, Poetry, $15

MARIA FAMÀ, *Looking For Cover*, Vol. 45, Poetry, $12

ANTHONY VALERIO, *Toni Cade Bambara's One Sicilian Night*, Vol. 44, Poetry, $10

EMANUEL CARNEVALI, Dennis Barone, Ed., *Furnished Rooms*, Vol. 43, Poetry, $14

BRENT ADKINS, et al., Ed., *Shifting Borders, Negotiating Places*, Vol. 42, Proceedings, $18

GEORGE GUIDA, *Low Italian*, Vol. 41, Poetry, $11

GARDAPHÈ, GIORDANO, TAMBURRI, *Introducing Italian Americana*, Vol. 40, Italian/American Studies, $10

DANIELA GIOSEFFI, *Blood Autumn/Autunno di sangue*, Vol. 39, Poetry, $15/$25

FRED MISURELLA, *Lies to Live by*, Vol. 38, Stories, $15

STEVEN BELLUSCIO, *Constructing a Bibliography*, Vol. 37, Italian Americana, $15

ANTHONY JULIAN TAMBURRI, Ed., *Italian Cultural Studies 2002*, Vol. 36, Essays, $18

BEA TUSIANI, *con amore*, Vol. 35, Memoir, $19

FLAVIA BRIZIO-SKOV, Ed., *Reconstructing Societies in the Aftermath of War*, Vol. 34, History, $30

TAMBURRI, et al., Eds., *Italian Cultural Studies 2001*, Vol. 33, Essays, $18

ELIZABETH G. MESSINA, Ed., *In Our Own Voices*, Vol. 32, Italian/American Studies, $25

STANISLAO G. PUGLIESE, *Desperate Inscriptions*, Vol. 31, History, $12

HOSTERT & TAMBURRI, Eds., *Screening Ethnicity*, Vol. 30, Italian/American Culture, $25

G. PARATI & B. LAWTON, Eds., *Italian Cultural Studies*, Vol. 29, Essays, $18

HELEN BAROLINI, *More Italian Hours*, Vol. 28, Fiction, $16

FRANCO NASI, Ed., *Intorno alla Via Emilia*, Vol. 27, Culture, $16

ARTHUR L. CLEMENTS, *The Book of Madness & Love*, Vol. 26, Poetry, $10

JOHN CASEY, et al., *Imagining Humanity*, Vol. 25, Interdisciplinary Studies, $18

ROBERT LIMA, *Sardinia/Sardegna*, Vol. 24, Poetry, $10

DANIELA GIOSEFFI, *Going On*, Vol. 23, Poetry, $10

ROSS TALARICO, *The Journey Home*, Vol. 22, Poetry, $12

EMANUEL DI PASQUALE, *The Silver Lake Love Poems*, Vol. 21, Poetry, $7

JOSEPH TUSIANI, *Ethnicity*, Vol. 20, Poetry, $12

JENNIFER LAGIER, *Second Class Citizen*, Vol. 19, Poetry, $8

FELIX STEFANILE, *The Country of Absence*, Vol. 18, Poetry, $9

PHILIP CANNISTRARO, *Blackshirts*, Vol. 17, History, $12

LUIGI RUSTICHELLI, Ed., *Seminario sul racconto*, Vol. 16, Narrative, $10

LEWIS TURCO, *Shaking the Family Tree*, Vol. 15, Memoirs, $9

LUIGI RUSTICHELLI, Ed., *Seminario sulla drammaturgia*, Vol. 14, Theater/Essays, $10

FRED GARDAPHÈ, *Moustache Pete is Dead! Long Live Moustache Pete!*, Vol. 13, Oral Literature, $10

JONE GAILLARD CORSI, *Il libretto d'autore*, 1860–1930, Vol. 12, Criticism, $17

HELEN BAROLINI, *Chiaroscuro: Essays of Identity*, Vol. 11, Essays, $15

PICARAZZI & FEINSTEIN, Eds., *An African Harlequin in Milan*, Vol. 10, Theater/Essays, $15

JOSEPH RICAPITO, *Florentine Streets & Other Poems*, Vol. 9, Poetry, $9

FRED MISURELLA, *Short Time*, Vol. 8, Novella, $7

NED CONDINI, *Quartettsatz*, Vol. 7, Poetry, $7

ANTHONY JULIAN TAMBURRI, Ed., *Fuori: Essays by Italian/American Lesbians and Gays*, Vol. 6, Essays, $10

ANTONIO GRAMSCI, P. Verdicchio, Trans. & Intro. , *The Southern Question*, Vol. 5, Social Criticism, $5

DANIELA GIOSEFFI, *Word Wounds & Water Flowers*, Vol. 4, Poetry, $8

WILEY FEINSTEIN, *Humility's Deceit: Calvino Reading Ariosto Reading Calvino*, Vol. 3, Criticism, $10

PAOLO A. GIORDANO, Ed., *Joseph Tusiani: Poet, Translator, Humanist*, Vol. 2, Criticism, $25

ROBERT VISCUSI, *Oration Upon the Most Recent Death of Christopher Columbus*, Vol. 1, Poetry, $3

CPSIA information can be obtained at www.ICGtesting.com
Printed in the USA
LVOW08s0955030913

350636LV00025B/267/P